A você, que entrará agora nesta linda e reveladora psicografia, eu desejo muita luz, paz, amor e felicidade. Que as linhas por mim psicografadas lhe ajudem em sua jornada evolutiva.

São meus mais sinceros votos,

pelo Espírito LUCAS

SUPERIOR TRIBUNAL ESPIRITUAL

A JUSTIÇA DIVINA

Book Espírita Editora
1ª Edição
| Rio de Janeiro | 2023 |

OSMAR BARBOSA

BOOK ESPÍRITA EDITORA

Capa
Marco Mancen

Projeto Gráfico e Diagramação
Alone Editorial

Revisão
Halyne Porto

Marketing e Comercial
Michelle Santos

Imagens
Depositphotos

Pedidos de Livros e Contato Editorial
comercial@bookespirita.com.br
Wpp 21 99302-4369

Região Oceânica, Niterói,
Rio de Janeiro.

1ª edição
Prefixo Editorial: 991053
Impresso no Brasil

Dados Internacionais de Catalogação na Publicação (CIP)
(Câmara Brasileira do Livro, SP, Brasil)

Lucas (Espírito)
Superior tribunal espiritual : a justiça divina / ditado pelo Espírito Lucas, [psicografado por] Osmar Barbosa. -- Niterói, RJ : Osmar B. Santos, 2023.

ISBN 978-65-89628-26-2

1. Espiritismo 2. Literatura espírita I. Barbosa, Osmar. II. Título.

23-151162 CDD-133.93

Índices para catálogo sistemático:

1. Literatura espírita : Espiritismo 133.93

Aline Graziele Benitez - Bibliotecária - CRB-1/3129

Recomendamos a leitura dos outros livros psicografados por Osmar Barbosa para maior familiarização com os Espíritos que estão neste livro.

O Editor.

Outros livros psicografados por Osmar Barbosa

Cinco Dias no Umbral

Gitano – As Vidas do Cigano Rodrigo

O Guardião da Luz

Orai & Vigiai

Colônia Espiritual Amor e Caridade

Ondas da Vida

Antes que a Morte nos Separe

Além do Ser – A História de um Suicida

A Batalha dos Iluminados

Joana D'Arc – O Amor Venceu

Eu Sou Exu

500 Almas

Cinco Dias no Umbral – O Resgate

Entre nossas Vidas

O Amanhã nos Pertence

O Lado Azul da Vida

Mãe,Voltei!

Depois

O Lado Oculto da Vida

Entrevista com Espíritos – Os Bastidores do Centro Espírita

Colônia Espiritual Amor e Caridade – Dias de Luz

O Médico de Deus

Amigo Fiel

Impuros – A Legião de Exus

Vinde à Mim

Autismo – A escolha de Nicolas

Umbanda para Iniciantes

Parafraseando Chico Xavier

Cinco Dias no Umbral – O Perdão

Acordei no Umbral

A Rosa do Cairo

Deixe-me Nascer

Obssessor

Regeneração – Uma Nova Era

Deametria – Hospital Espiritual Amor e Caridade

A Vida depois da Morte

Deametria – A Desobsessão Modernizada

O Suicídio de Ana

Cinco Dias no Umbral – O Limite

Guardião – Exu

Colônia Espiritual Laços Eternos

Despertando o Espiritual

Por que Você Morreu?

O Diário de um Suicida

Conheça um pouco mais de Osmar Barbosa:
www.osmarbarbosa.com.br

Agradecimentos

Agradeço primeiramente a Deus, por ter me concedido esse verdadeiro privilégio de servir humildemente como um mero instrumento dos planos superiores.

Agradeço a Jesus Cristo, espírito modelo, por guiar, conduzir e inspirar meus passos nessa desafiadora jornada terrena.

Agradeço a Lucas e aos demais espíritos, ao lado dos quais tive a honra e o privilégio de passar alguns dias psicografando este livro. Agradeço, ainda, pela oportunidade e por permitirem que essas humildes palavras, registradas neste livro, ajudem as pessoas a refletirem sobre suas atitudes, evoluindo.

Agradeço também à minha família, pela cumplicidade, compreensão e dedicação. Sem vocês ao meu lado, me dando todo tipo de suporte, nada disso seria possível.

E agradeço a você, leitor amigo, que comprou este livro e, com a sua colaboração, nos ajudará a levar a Doutrina Espírita e todos os seus benefícios e ensinamentos para mais e mais pessoas.

Obrigado!

A todos, os meus mais sinceros agradecimentos.

Osmar Barbosa

“

Caríssimos, não acrediteis em todos os Espíritos, mas provai se os Espíritos são de Deus, porque são muitos os falsos profetas que se levantaram no mundo.

”

João, Epístola I, cap. IV: I

Sumário

“

A vida não se resume a esta vida!

”

Nina Brestonini

Prefácio

Como são recebidos os espíritos que sofrem encarcerados em presídios por longos anos sem terem cometido qualquer crime? E aqueles que cometeram, o que os espera, de fato, na vida espiritual?

Na vida espiritual, há algum tipo de justiça, como a nossa aqui na vida terrena? Na vida espiritual, há julgamentos daquilo que fizemos intencionalmente ou não? Como são julgados os espíritos?

Tribunais, instâncias superiores, recursos, advogados, promotores, audiências, desembargadores, juristas, defensores públicos, enfim... Será que, na vida após a vida, há algo parecido com o que temos aqui?

O que acontece quando, sem querer, provocamos a morte de alguém? Será que não há nenhum tipo de pena para a imprudência, por exemplo?

E todos aqueles que trabalham no judiciário, tais como magistrados, advogados, ministros, juristas, promotores e desembargadores: como são recebidos os seus espíritos? Onde vivem na vida espiritual? Será que toda experiência adquirida na tarefa do Direito não tem relevância para esses espíritos quando eles chegam à vida espiritual?

Pessoas corruptas que se beneficiam do cargo que têm para prejudicar outras pessoas: como é a vida desses espíritos quando acordam e percebem que não morreram de fato? Estarão impunes aqueles que, através dos altos cargos que ocupam, prejudicam milhares de pessoas através de sentenças monocráticas, em que o único beneficiado é ele próprio ou um grupo de seu interesse?

Será que quando um espírito que ocupa um cargo nas cortes supremas do plano em que vivemos e toma uma decisão ideológica que prejudica ou encarcera inocentes, ele não vai pagar pelos seus atos? Não há punição para quem faz isso? Estão impunes os arbitrários, os culpados de fato? Não há justiça nos planos espirituais para os inocentes que sofrem perseguição, sejam elas pessoais ou ideológicas?

Foram esses e tantos outros questionamentos que fiz ao nosso mentor Lucas e, pacientemente, ele me explicou que a vida espiritual se assemelha ao plano em que estamos encarnados. Aliás, vários médiuns já nos informaram que as colônias, as cidades espirituais, os planos transitórios, são muito parecidos com o plano em que estamos. Deus não quer que tenhamos surpresas quando chegarmos ao outro lado da vida, por isso tudo é bem parecido.

A única e certa surpresa que teremos é que ninguém morre, e é nessa hora que o arrependimento dilacera nosso coração. É nessa hora que nos arrependemos de não ter acreditado nas informações que centenas de vezes bateram à nossa porta. É nessa hora que todos lamentam as oportunidades desperdiçadas pelo egoísmo, pela ignorância, pela ganância ou pela intolerância.

Quantos livros psicografados chegaram até você e você os ignorou? Quantas mensagens de pessoas boas que querem lhe alertar ou lhe ajudar chegam até você todos os dias e você ignora?

Às vezes, uma simples frase postada nas redes sociais é, na verdade, um aviso para que você pare de fazer o que está fazendo e procure se conectar com o Criador urgentemente, pois Ele usa seus filhos para salvar seus outros filhos.

Lucas me disse que temos advogados nos defendendo o tempo todo.

– Você nem imagina Osmar, quantos advogados você tem na vida espiritual.

– Advogados? Como assim Lucas?

– Espíritos que estão ligados a você por muitas vidas e estão sempre do seu lado. Te defendem quando você falha, quando algo que você faz ou diz prejudica alguém. Tem sempre um amigo aqui nos planos maiores para defender você, justificar suas falhas e brigar por você.

– São meus advogados?

– Sim, e muitos deles foram realmente advogados quando estavam encarnados. Você pode não acreditar no que eu vou dizer agora, mas há casos em que advogados são contratados para defender você aqui.

– Meu Deus.

– Ele mesmo é quem dá infinitas oportunidades para todos os seus filhos evoluírem, seja através das múltiplas encarnações ou do esforço e trabalho dedicado aqui nas colônias espirituais. Estamos sempre evoluindo, mesmo que sem perceber. Todos estão em processo de evolução, creia nisso...

– Lucas, desculpe, mas estou confuso. Você pode nos explicar melhor?

– Sim, claro que sim, Osmar. Como já lhe dissemos em várias obras, aquilo que você adquire na encarnação é usado na vida espiritual. Se um médico como Dr. Bezerra de Menezes, por exemplo, continua exercendo aqui aquilo que fez de melhor na vida de encarnado, por que, então, um juiz, um advogado ou um jurista não pode exercer o que de melhor tem dentro de si? O que de melhor construiu nas árduas tarefas realizadas nas encarnações em que expiou como advogado, juiz, promotor, etc.?

– Realmente, Lucas, faz todo o sentido. Eu já escrevi diversos livros e, nessas psicografias, sempre observo que aquilo que se aprendeu e se fez de melhor na encarnação é utilizado na vida espiritual. Por exemplo, quem foi enfermeiro, médico ou auxiliar de enfermagem vai trabalhar nos hospitais espirituais. Os que foram policiais ou militares trabalham como guardiões. Os prefeitos e administradores da ordem pública são os administradores das cidades espirituais, pois cuidam da manutenção dos prédios, dos hospitais, das ruas, das avenidas e de tudo o que há nessas cidades. Eu pude relatar tudo isso ao lado de Nina, no livro *Colônia Espiritual Laços Eternos*.

Tem um livro que estou escrevendo atualmente que conta que Nina teve uma encarnação como Anna Nery, que foi uma grande mulher. Ela era enfermeira e foi a primeira mulher do Brasil a exercer esse cargo. Quando perguntei a Nina sobre isso, ela me disse que foi a experiência adquirida naquela encarnação que a possibilitou ser hoje a diretora responsável por um dos hospitais que existem na Colônia Espiritual Amor e Caridade.

– Pois é assim que tudo funciona. Aquilo que há de melhor em você é aproveitado; o que não é útil é descartado. É através dos seus conhecimentos terrenos que você vai poder trabalhar nos diversos setores que há nas colônias espirituais e, assim, evoluir. Nenhum espírito fica sentado na beira das praias que existem por aqui ou passeando pelos planos espirituais. Todos, logo que chegam e se conscientizam do que realmente são, querem evoluir ainda mais, e aqui só existe uma forma de evoluir... trabalhando. E nada melhor do que você ser aproveitado aqui com aquilo que você adquiriu nas suas encarnações, o que de melhor você fez e é. Todo conhecimento adquirido é fonte de energia e motivação para a sua evolução pessoal.

Espírito não cansa, Osmar. O que cansa é o corpo físico; esse sim precisa de descanso para recobrar energias todos os dias. Então, tire do pensamento que após o desencarne você vai precisar descansar. Você não vai conseguir ficar parado na vida espiritual, mesmo porque ninguém aqui está parado, e logo você vai perceber que não conseguirá ficar sem fazer nada, pois irá lhe faltar companhia para ficar à toa.

– Faz todo o sentido Lucas.

– As cidades espirituais são muito semelhantes às cidades que vocês vivem enquanto encarnados. Não pense que por aqui não há espíritos mentirosos, maldosos, ignorantes, rebeldes, falsos e por aí vai. Nenhum espírito se torna perfeito ou se torna anjo porque morreu, pelo contrário: ao despertar do sono da morte, todo espírito se conscientiza de que não morreu. E se você tiver tendência à maldade, por exemplo, você vai perceber que poderá exercê-la para sempre, já que nenhum filho de Deus morre ou é punido. Não há punição vinda de Deus para os seus filhos. Os que sofrem aqui é porque se alinharam a coisas ruins e colhem os frutos da semeadura maldosa que fizeram antes de chegarem à vida espiritual.

Lembre-se de que, no momento do desenlace, você vai acordar no lugar que condiz com a sua situação espiritual. Como eu disse, ninguém vira anjo porque morre nem demônio porque escolhe: tudo aqui é resultado do que se faz aí. A conscientização da eternidade e da imortalidade pode fazer coisas incríveis dentro de cada um de nós.

– Eu não tinha pensado nisso Lucas.

– Um espírito que está encarnado e é mal não se torna bom porque morreu, pelo contrário: ao descobrir que não morreu e que não houve uma punição severa pelos atos praticados contra seus irmãos e que a punição mais severa que ele possa estar sofrendo nas regiões do Umbral não vai lhe tirar a vida, ele tem uma sensação de poder. E todo poder dado a quem não está preparado para recebê-lo pode se tornar uma tragédia.

– É verdade Lucas. Por mais que o espírito seja punido, ele não vai deixar de existir, pois a morte não existe, como informado pelo nosso irmão Jesus tantas vezes.

– Há algo que vocês precisam saber e se conscientizar Osmar. Na verdade, há sim uma morte para o espírito.

– O espírito imortal e eterno pode morrer, Lucas?

– Você já ouviu falar de segunda morte?

– Sim, eu já ouvi falar, mas nunca me aprofundei no tema.

– Então, eu vou te explicar o que é a segunda morte. Você quer saber?

– Claro que sim Lucas. Por favor, nos explique.

– Vamos fazer assim: eu vou levar você para ver e escrever sobre a segunda morte. Pode ser?

– Claro, será um prazer te acompanhar.

– Então, prepare-se e venha. Vamos às profundezas do Umbral.

Naquele momento, eu me desdobrei e segui o Lucas. Eu estava muito curioso, pois já havia estudado sobre a segunda morte nos livros do Chico Xavier.

Confesso que sempre tive medo e curiosidade sobre o tema, mas agora, ao lado do Lucas, tenho certeza de que iremos aprender muito mais sobre isso.

Preocupado, curioso e feliz, eu o segui.

“

A vida não se resume a esta vida!

”

Nina Brestonini

O desdobramento

Como vocês sabem, meus leitores e amigos, todos os livros que escrevo, faço-o em desdobramento. Então, para você que chegou aqui pela primeira vez, vale a pena explicar um pouco sobre esse tipo de fenômeno, pois é dessa forma que me conecto com os meus mentores e psicografo todas as obras já publicadas – e outras que ainda chegarão até vocês.

Na minha infância, eu tinha muitas dificuldades para entender os fenômenos que frequentemente aconteciam comigo. Eu via espíritos constantemente, conversava com eles, brincava com alguns e, por muitas vezes, fugia de outros, pois suas aparências me assustavam (elas eram horripilantes). Eu era apenas uma criança e não conseguia compreender muito bem por que isso acontecia comigo.

Com o passar do tempo, comecei a ouvir mais os meus amigos espirituais; foi quando eles passaram a me orientar. Foi aí que compreendi o fenômeno do desdobramento. Eu me sinto um privilegiado, embora a mediunidade não seja privilégio, mas uma missão a ser cumprida.

Dias desses, eu perguntei a Lucas se a mediunidade é uma doença. Ele me disse que mediunidade não é uma doença, mas que, em alguns casos, pode adoecer. Então perguntei:

– Em que casos, Lucas?

– A mediunidade pode causar doença quanto mal exercida, não exercida ou desprezada.

Os espíritos me dizem que *"mediunidade é um dom divino, que divinamente devemos exercer"*. Por isso, sempre aconselho as pessoas a estudarem muito, estabelecerem logo a sua conexão espiritual de forma correta e extraírem dela os benefícios do serviço no bem.

"Tudo o que entregamos ao Universo, ele nos devolve em igual poção "

Em termos espíritas, o desdobramento é uma faculdade anímica em que o Espírito encarnado se desliga parcialmente do corpo físico e viaja até os planos espirituais. Esse processo pode ocorrer com ou sem um transe. É uma capacidade intrínseca ao ser humano, que, ao longo da evolução da espécie, desenvolveu a possibilidade de se desembaraçar do corpo material dentro de certos limites, adquirindo alguma sensação de liberdade.

A faculdade de desdobramento é muito utilizada nas reuniões mediúnicas modernas. Através da concentração dos pensamentos, o sensitivo entra em uma espécie de transe, que possibilita esse desprendimento parcial do Espírito, e se coloca em condições de exercer tarefas de auxílio, geralmente sendo orientado pelos Espíritos Instrutores.

Dessa forma, muitas vezes ele é colocado em contato com Espíritos sofredores, os quais necessitam de uma palavra amiga e consoladora, ou mesmo de um tratamento através das energias do sensitivo. Essas suas energias têm uma densidade adequada a esse tipo de atendimento pela sua condição de encarnado, assim como para escrever livros e mensagens de amigos do plano maior.

Apesar de muitos se referirem ao desdobramento como mediunidade, ele é um fenômeno anímico. Para usar o linguajar de Allan Kardec, é um fenômeno de emancipação da alma.

A mediunidade consiste numa intermediação entre os espíritos desencarnados e o mundo material. Desdobrar-se, grosso modo, significa "sair do corpo". Esse simples fato não o torna médium se você não se constitui em transmissor de qualquer informação enviada do plano espiritual para o ambiente terreno.

O desdobramento pode ser considerado uma espécie de mediunidade quando, durante o desprendimento, o sensitivo mantém um contato com a Espiritualidade, recebendo de lá comunicações que devem ser enviadas aos encarnados. Esse é o meu caso.

O desdobramento não ocorre apenas nas reuniões mediúnicas. Ele é um fenômeno corriqueiro e acontece com as pessoas em geral sempre que dormem. É o preâmbulo do sono. Quando o corpo adormece para o necessário repouso, o espírito, parcialmente desligado do corpo, vai a diversos lugares para realizar as atividades que estejam em afinidade com as suas motivações íntimas. Para entrarmos no estado de sono, antes temos que nos desdobrar, ou seja, afastar-nos vibratoriamente do corpo biológico.

A mediunidade – seja na modalidade de psicofonia, psicografia, audiência, vidência, desenho, pintura, etc. – também exige um desdobramento.

Em seu organismo, o médium tem a facilidade de, ao entrar em estado de transe, desvencilhar-se do seu corpo em maior ou menor grau, conforme as características de sua faculdade mediúnica. Isso ocorre a fim de dar, ao Espírito comunicante, a oportunidade de se assenhorear, o que é feito através de uma expansão dada ao seu perispírito dos implementos perispirituais e, na sequência, cerebrais do médium.

O sonambulismo, bem como a dupla vista, a letargia, a catalepsia e o êxtase, são classificados por Allan Kardec como fenômenos de emancipação da alma, tendo o desdobramento como condição para acontecerem. Às vezes, como é o caso da dupla vista, esse deslocamento do espírito (sempre junto com o perispírito) é imperceptível, mas suficiente para fazê-lo enxergar além da realidade física presente.

Há outras situações em que o desdobramento ocorre: no coma, durante o uso de algumas drogas alucinógenas, em certos estados psíquicos classificados como catatonia e outros casos em que há um alheamento em relação ao meio externo.

Deus, na sua sabedoria e bondade, concedeu ao homem a capacidade de, vez ou outra, retemperar-se no mundo espiritual através da faculdade do desdobramento. Assim, o homem recobra parte das suas faculdades de Espírito, como se estivesse descansando da rudeza da vida na matéria e absorvendo energias mais sutis, necessárias ao seu refazimento para que continue o aprendizado aqui na Terra.

Vivendo no ambiente terreno em meio às dificuldades e aos desafios diários, imerso na atmosfera densa da matéria, o homem pode se aliviar dessas lutas desacoplando-se temporariamente do organismo físico. Com isso, ele retorna ao mundo espiritual e tem contato com Espíritos esclarecidos que o orientam, direcionando-se melhor no caminho do progresso.

Eu sou eternamente grato por ter essa condição e, através dela, trazer as informações que trago nas obras psicografadas. Confesso que, por vezes, sinto-me realmente com um lápis nas mãos dos espíritos. Acho muito gratificante receber as mensagens de gratidão que recebo todos os dias dos meus leitores por eu ser o mensageiro que instrui e esclarece muitas pessoas sobre o que realmente acontece conosco na vida após a vida.

Nesta obra, eu tive momentos muito difíceis, pois os lugares que visitei são de muito sofrimento, e ver sofrimento não me deixa feliz.

Sempre devemos dedicar nossa mediunidade ou nossos dons oferecidos pelos mestres de luz para sermos úteis à sociedade em geral e, dessa forma, cumprir nossos propósitos encarnatórios.

Eu acredito, sinceramente, que tudo o que passo na vida tem objetivos evolutivos. O fato de eu ser médium não me qualifica para não passar por situações às vezes revoltantes, mas são as experiências de encarnado que me possibilitam evoluir.

Venha comigo e com Lucas vivenciar uma experiência única, a qual certamente lhe trará um outro olhar sobre a vida dos espíritos e sobre como você está dirigindo sua encarnação.

Voltemos ao livro...

“

O espiritismo não é a religião do futuro, o espiritismo,
é o futuro de todas as religiões.

”

Frei Daniel

A segunda morte

Durante a minha caminhada com Lucas, continuei nossa conversa. Eu costumo não desperdiçar as oportunidades que tenho ao lado dos espíritos, principalmente ao lado de Lucas. Como disse, ele é muito calmo e explica tudo de uma forma simples e objetiva.

– Lucas, eu vejo que estamos indo para o Pântano. É isso mesmo?

– Sim, eu quero que você relembre o que viu o jovem Gustavo escrever ao lado do Abel.

– Será um prazer para mim falar o que vi naquele dia, relatar para os leitores desta obra tudo o que eu vivi ao lado de Abel, Veridiana e Sebastien.

– Então vamos caminhando e conversando. Pode ser?

– Sim, vamos.

– Lucas, esse assunto da segunda morte é muito controverso no espiritismo. Você pode nos dizer como acontece e por que acontece?

– O fenômeno conhecido como "segunda morte" tem sido usado por escritores e estudiosos da doutrina dos espíritos para se referir à perda provisória do formato do corpo espiritual e ao processo de ovoidização, como na sublimação do corpo fluídico, e ocorre devido à evolução dos espíritos.

O que todos precisam saber é que, embora o espírito seja eterno, o corpo espiritual – ou perispírito e psicossoma – é uma espécie de envoltório semimaterial que liga o corpo humano ao espírito, cuja formação está relacionada aos graus de adiantamento moral do indivíduo.

– Allan Kardec nos explica isso em *A gênese*, cap. XIV, Item 9, Lucas – eu disse, animado em aprender ainda mais com Lucas.

– Exatamente, Osmar. Quanto mais o espírito se purifica, mais eterizada se torna a essência do seu perispírito.

Além da influência desse processo evolutivo, a constituição do psicossoma também é afetada pelas características do mundo habitado, como lhe informou o codificador no livro dos espíritos, questão 257.

Segundo o próprio autor no livro dos médiuns, questão 56, o corpo espiritual tem a forma humana, mas não a tenacidade nem a rigidez da matéria compacta no corpo físico. Por isso, ele pode se expandir ou se contrair.

– Eu já estudei tudo isso Lucas e acho fantásticas essas revelações do querido codificador.

– O médium que não estuda não consegue compreender muitas coisas que dizemos. Com isso, aqueles que se propõem a praticar e a estudar tudo o que vos acontece somente após o desenlace carnal acabam se afastando do autoconhecimento tão necessário.

– É por isso, Lucas, que eu dedico boa parte do meu tempo ao estudo sistematizado da minha religião. Acho, sinceramente, que a literatura espírita é muito rica, e deixar escapar essa oportunidade é realmente passar pela vida humana sem extrair dela tudo o que posso aprender para chegar em condição melhorada à vida espiritual.

– Você está certíssimo, Osmar. Continue assim e você verá que valeu a pena a encarnação. O que vocês precisam compreender e acreditar é que as encarnações não têm somente objetivos carnais. Na verdade, as encarnações são uma riquíssima oportunidade de se tornar um espírito perfeito e, através do conhecimento que trazemos para vocês, deixar definitivamente de expiar na matéria. Quando isso acontece, vocês realmente passam a viver a vida que merecem: a vida nas cidades espirituais.

– E a ovoidização, Lucas, o que é na verdade?

– A ovoidização, quando ocorre, é considerada um dos maiores sofrimentos que o espírito pode passar após a morte física. A estrutura perispiritual do psicossoma se desfigura completamente, desfazendo a conformação humana e adquirindo o formato aproximado de um ovo, cujas dimensões se aproximam de um crânio infantil.

– Realmente, é o fundo do poço espiritual. Quando o espírito chega a essa forma, tudo está acabado.

– O processo se assemelha em tudo ao das bactérias que se encistam diante de condições adversas de vida na espera por novas oportunidades para retornar à vida normal. É assim que se sentem os espíritos infelizes que adquirem a forma ovoide.

– Lucas, quais são os espíritos mais propensos a esse estado espiritual?

– Os suicidas são candidatos prováveis para adquirirem essa enfermidade.

– Tem cura para esses irmãos?

– O processo é incurável no plano espiritual, e só pode ser revertido em reencarnações expiatórias, em que novas oportunidades serão apresentadas ao infeliz.

– Meu Deus!

– Osmar, além dos infelizes irmãos que cometem o suicídio, existem inúmeros espíritos que, após a desencarnação, são infelizes e revoltados por causa das experiências vivenciadas na carne. Ao desenvolverem uma fixação mental pela ideia de vingança ou de paixão doentia, eles podem iniciar esse processo de ovoidização.

– Lucas, no livro *Evolução em Dois Mundos*, psicografado por Chico Xavier, André Luiz cita que esses espíritos vão sutilmente envolvendo aqueles que lhes fazem objeto da calculada atenção. Auto-hipnotizados por imagens de afetividade ou represália infinitamente repetidas por eles próprios, acabam em deplorável fixação monoideística, provocando enormes transformações na morfologia do veículo espiritual e se assemelhando a ovoides. É verdade isso?

– Sim, esses processos são comuns aqui no Umbral, por exemplo.

É importante ressaltar que tudo depende somente do que você carrega na mente e pratica durante sua encarnação. Quantos infelizes você conhece que sequer creem que a vida continua?

– Muitos, Lucas, infelizmente.

– Qual o estado mental desses espíritos?

– Não sei explicar.

– É uma letargia proporcional a capacidade de crer em si mesmo. São espíritos apáticos, que estão na encarnação simplesmente por estar. Sequer creem no que verdadeiramente são.

– Infelizmente, você tem razão, Lucas.

– Você já ouviu a frase "a cada um segundo suas obras", dita por Jesus ?

– Sim. O versículo bíblico diz o seguinte: "Deus retribuirá a cada um segundo o seu procedimento. Ele concederá vida eterna aos que, perseverando em fazer o bem, buscam glória, honra e imortalidade".

– Está claro que todos colheram na vida espiritual o fruto do que semearam na vida terrena. Você não acha?

– É verdade, Lucas. Mais claro que isso, impossível.

– Então, aproveitem os ensinamentos espíritas ao máximo e coloquem em prática os conselhos dados pelos mensageiros divinos. Não desperdicem nem um segundo de suas vidas, "pois os segundos existenciais são eternas horas nos labirintos do sofrimento espiritual".

– Por que os espíritos se tornam ovoides? Por que a segunda morte, Lucas?

– Porque, pela imprudência, pelo descaso, pelo desamor, pela ignorância, pela apatia, pela inércia e pelo desinteresse, o espírito molda o corpo à forma que ele apresentará na vida espiritual. O aqui é o resultado daí, entende?

– Sim, entendo perfeitamente, só não gostaria que fosse assim.

– Deus também não gosta que seja assim. O que vocês precisam compreender é que Ele não castiga nenhum de seus amados filhos, Ele nos dá oportunidades o tempo todo. Todas as vezes que erramos, Ele nos oferece uma nova estada na vida humana para começarmos uma nova caminhada e, através dessas caminhadas, expiarmos para evoluir, cada um em seu tempo.

Não se preocupe com esses infelizes, porque até os que se transformam em ovoides são assistidos pelos seus irmãos, espíritos que se tornaram perfeitos e estão no universo para auxiliar todos os necessitados. Assim como você, há muitos trabalhadores devotados ao serviço caridoso do amor. Muitos que, neste momento, estão nas ruas acolhendo, alimentando e auxiliando os mais necessitados, os incrédulos e os infelizes. Deus provê a todos, creia nisso.

Nós também estamos levando consolo, conhecimento e sabedoria por meio deste minúsculo livro, a fim de despertar consciências para as realidades que elas encontrarão após o desenlace carnal.

É aqui, na vida espiritual, que tudo começa e termina. Ninguém escapa a essa verdade absoluta.

A segunda morte é, na verdade, um novo útero, de onde a vida surge para expiar através das experiências evolutivas e, delas, extrair a condição espiritual que todos os espíritos merecem e que um dia conquistarão, cada um conforme o seu tempo cronológico.

Seja do bem, faça o bem e fale do bem, e o bem será parte de você. E sendo você parte do bem, seu corpo espiritual se torna mais leve, mais puro, menos denso e, quanto mais puro é, melhor será a cidade que vai lhe receber.

Naquele momento, chegamos à beira do pântano. Ao lado de alguns espíritos que estavam desencarnados, pude expiar e escrever sobre ovoides no livro *O Diário de um Suicida*.

– Osmar.

– Sim, Lucas.

– Faça um relato de tudo o que você viu o Gustavo escrever quando esteve aqui com o Abel, por favor.

– Sim, eu vou relatar.

Estávamos indo em caravana em direção ao encontro com Veridiana e Sebastian quando Abel sugeriu que parássemos à beira de um enorme pântano. Foi quando ele sugeriu que nos sentássemos à beira do fétido lugar, escuro e frio, e ele se sentou ao nosso lado.

– Sente-se, Gustavo, e olhe o que vou mostrar para você. – disse Abel ao nosso lado. – Quero que todos vocês prestem muita atenção no que lhes será mostrado agora.

Naquele momento, percebemos que em nossa direção vinha uma caravana de espíritos, todos vestidos de branco. Pensei logo que os anjos estavam vindo nos buscar, mas não foi nada disso. Eles passaram por nós sem se quer nos notar.

Eram seis espíritos no total. Quatro mulheres e dois homens. Os homens pegaram um puçá de diâmetro grande e o mergulharam dentro do lamaçal, como se estivessem tentando pescar algo que estivesse no meio da lama.

Vimos quando eles pescaram dois ovos brancos. Os ovos tinham aproximadamente o diâmetro de um crânio humano infantil. Após pegarem os ovos e os colocarem em uma sacola, todos deixaram o lugar sem nos ver ou nos cumprimentar. Nada de anormal até aí. Então, Abel se colocou de pé em nossa frente e começou a explicar o que acabávamos de ver.

– Vocês viram?

– Sim, pudemos ver que eles retiraram alguns ovos brancos da lama.

– Chamamos isso de ovoides.

– Ovoides?

– Sim, Gustavo. Os ovoides são uma condição em que o espírito é capaz de se transformar através das repetidas práticas malignas ou repetidos suicídios.

– Meu deus! – disse Júlia, colocando as duas mãos no rosto.

– O corpo espiritual, esse com o qual vocês se apresentam aqui, neste momento, é transformável e perecível. A encarnação é um instrumento misericordioso e divino, em que todo espírito tem oportunidades infinitas de se aperfeiçoar.

Quando o espírito abusa das oportunidades, insistindo na prática do mal, ele se liga às piores energias que o envolve, provocando os desgastes naturais, até que chegue à forma de ovoides.

– Mas qual é a finalidade de Deus em transformar um de seus filhos em ovoides, Abel?

– Não é Deus quem faz isso, e sim a transgressão as Leis Naturais. É você quem provoca o desgaste dos seus corpos espirituais, a ponto de eles se desintegrarem e deixarem de existir.

– Somos nós quem fazemos isso?

– Sim. Como eu disse, é através da insistência em fazer o mal que você destrói todas as conquistas espirituais, desintegrando tudo o que conseguiu de melhor para você. Através de suicídios contínuos e tudo aquilo que contraria essa Lei, o corpo espiritual perde a forma, perde a essência e os perde fluidos, tornando-se um ovoide. Ao se transformar, começa novamente sua jornada evolutiva com a esperança de, através das encarnações e das conquistas espirituais renovadas, formar novamente um corpo sadio para poder adentrar os planos superiores da criação.

Olhem para os corpos de vocês... Eles estão como eram quando vocês estavam encarnados?

– Não. O meu é mais fraco, parece que está se desfazendo – disse João.

– Todos vocês fizeram muito mal aos seus corpos espirituais quando cometeram o suicídio.

– Eu tinha reparado que minha pele não é mais a mesma – disse Júlia, tocando em seu rosto.

– Se vocês conseguirem o perdão, provavelmente seus corpos se modificarão. Eles poderão ser melhorados pelos irmãos superiores.

– E como conseguimos o perdão? – perguntou Danilo.

– Esse é o assunto que vamos tratar quando chegarmos ao nosso destino. Agora, vamos aprender sobre esses irmãos que estão enterrados vivos aqui.

– Está bem!

– O que acontece agora com esse ovo? – perguntou Diogo.

– Excelente pergunta, Diogo. O espírito adquire a forma de ovoide porque perdeu todas as formas conquistadas nas encarnações que tivera, como disse há pouco. Mas vou aprofundar esse ensinamento para que todos vocês possam compreender.

Somos um somatório de corpos. Quanto mais evoluído o espírito, mais sutil é o seu corpo espiritual; quanto mais sútil é o corpo espiritual, mais acesso o espírito tem aos planos superiores. O contrário também ocorre, como vocês estão vendo agora.

Regredir à forma ovoide significa recomeçar do zero. Tudo nasce através de um ovo, inclusive vocês quando precisarem reencarnar: nascerão de um útero, que é semelhante a um ovo.

– Quer dizer que, quando o espírito chega a esse ponto, ele tem que começar do zero?

– Exatamente. Vai renascer em planetas primitivos, onde sequer terá consciência de que é um espírito. Terá que refazer o caminho natural de todos os espíritos. Vai passar pela forma mineral, vegetal, animal e, por fim a hominal, em que o espírito adquire o livre arbítrio, o pensamento contínuo e a razão.

– Você pode explicar isso melhor? Eu nunca ouvi falar disso – perguntou Gilbert.

– Claro, Gilbert. O espírito, quando é criado, é simples e ignorante. É através das encarnações nesses reinos que ele vai moldando a forma perispiritual. No reino mineral, adquirimos a atração; no reino vegetal, a sensação; no reino animal, o instinto; e no reino hominal, como disse, o livre arbítrio, o pensamento contínuo e a razão. Aí começamos a melhorar o nosso corpo perispiritual através de nossos atos, atitudes e pensamentos, a ponto de torná-lo sutil e sublime.

– Nossa, que interessante! – disse Júlia.

– É assim que todos os espíritos evoluem – nos assegurou o instrutor Abel.

– Obrigado por seus ensinamentos, Abel – disse João.

– Eu agradeço em nome de todos – disse Marina, carinhosamente.

– Agora, precisamos seguir para a cabana.

Foi isso que tive o privilégio de acompanhar naquela psicografia, Lucas.

– Essa é mais uma forma de explicar para todos vocês o que pode acontecer quando as Leis Maiores são transgredidas.

– É verdade, Lucas.

– Agora, podemos continuar?

– Eu não tenho palavras para te agradecer por todos esses ensinamentos. Espero, sinceramente, estar levando ensinamentos que transformem nossos leitores.

– Não use palavras, escreva...

– Obrigado, Lucas.

– Nos veremos em breve, Osmar. Até lá!

– Até, Lucas!

Assim ele se foi, me deixando extasiado com tantos ensinamentos.

Obrigado, Deus, por essas inúmeras oportunidades. Espero, de verdade, que você que está lendo este livro aproveite cada palavra e cada parágrafo para se transformar por dentro, pois é por dentro que devemos fazer as primeiras transformações.

"

Todos os dias recebemos uma página em branco no livro da vida. O que você está escrevendo?

"

Osmar Barbosa

O Salário e o descanso espiritual

O Lucas é um mentor muito querido, e agradeço sempre a Deus por tê-lo em minha vida. Não tenho certeza de quantos livros eu tive o privilégio de psicografar ao lado dele, mas não foram poucos, isso eu posso assegurar. E espero que, enquanto eu estiver por aqui, ele me use para nos trazer ensinamentos que sejam de suma importância ao nosso processo evolutivo.

Lucas é alto, tem cabelos crespos e olhos claros. É sempre muito simpático e cordial, mas tem algo muito especial que admiro nesse mentor: ele é muito paciente, sereno e tem a capacidade de nos transmitir seus ensinamentos de forma simples, sincera e objetiva. É isso que admiro muito nele, além, é claro, de me permitir ser o portador de mensagens que ele traz do mundo espiritual.

Naquela manhã, eu estava em meu escritório finalizando um texto para o meu site quando ele me procurou novamente e me convidou para segui-lo ao Umbral.

– Olá, Osmar.

– Olá, Lucas.

– Vamos dar continuidade ao livro?

– Com enorme prazer.

– Então me siga.

Saímos do meu escritório, ele na frente e eu o seguindo, desdobrado, e chegamos ao Umbral. Aliás, a maioria das psicografias que escrevo com o Lucas acontecem no Umbral. Decidi conversar com ele e, aproveitando aquele momento ímpar, perguntei:

– Lucas, eu posso te perguntar umas coisas?

– Claro que sim.

– Então me diga se puder: por que a maioria dos livros que você me permite escrever são escritos aqui no Umbral?

– Porque é aqui o meu local de trabalho.

– E por que você trabalha no Umbral? Você se especializou em resgates quando estava encarnado?

– Sim, em minha última encarnação, eu trabalhava resgatando almas.

– Como assim, Lucas?

– Você nunca ouviu falar de mim?

– Sim, eu sei que você é o Lucas da bíblia.

– Lá está escrito parte da minha história. Infelizmente, ela ainda não foi toda contada.

– Você é considerado um apóstolo de Jesus, mas eu sei que você sequer o conheceu. É verdade?

– Sim, eu me tornei apóstolo de Jesus sem conhecê-lo. Não tive esse privilégio quando estava encarnado. Mas para ser apostolo D'Ele, não é tão difícil: basta aceitar Seus ensinamentos e pregar Suas palavras. Assim, nos aproximamos dos objetivos das encarnações.

– Você também foi médico, se não me engano.

– Eu fui médico e pescador de almas. Através da minha conversão aos ensinamentos evangélicos de Jesus, consegui ajudar muitas pessoas e curar outras. Essa experiência me deu a oportunidade trabalhar nas regiões de sofrimento, resgatando espíritos e os encaminhando para colônias espirituais, postos de socorro e todo tipo de amparo e auxílio que existe por aqui.

– Eu conheço bem o seu trabalho, Lucas. Eu me lembro da psicografia do livro *Acordei no Umbral*, e quero te parabenizar. Que coisa linda o que você fez para ajudar o Elias!

– Esse é meu trabalho, Osmar.

– Você é feliz com o que faz, Lucas?

– Muito... Sou grato aos meus superiores por terem me permitido estar aqui auxiliando os meus irmãos a evoluírem, resgatando aqueles que sofrem e amparando os que necessitam de orientação para seguirem em busca de se encontrar consigo mesmo.

– Eu posso tomar a liberdade e lhe dizer uma coisa?

– Sim, fique à vontade.

– Olha, quando você quiser escrever a sua história, me dê o privilégio de ser o médium a psicografá-la?

– Fique tranquilo que, no tempo certo, escreveremos sobre minha passagem pelos planos físicos. Você já foi escolhido para fazer a psicografia.

– Obrigado, Lucas. Fico lisonjeado.

– Não agradeça, escreva.

– Pode deixar. Posso tirar de mim uma outra curiosidade?

– Sim, claro.

– Vocês não descansam? Eu sei que os espíritos não se cansam, mas não há algum momento de lazer, algo que vocês façam para descontrair depois do trabalho?

– Há duas coisas que vocês precisam saber sobre o que acontece aqui. A primeira é que nosso trabalho é remunerado, e a segunda é que temos sim nossos momentos de descanso e lazer. Temos até férias, se você quer saber.

– Xi...

– O que houve?

– Vão nos crucificar mais uma vez, Lucas.

– Aquele que julga, será julgado. Já ouviu isso?

– Sim.

– Então não se preocupe com os julgamentos. Escreva, simples assim.

– Lucas, eu nunca vou deixar de confiar em seus ensinamentos. Em todos os livros, aprendi e aprendo muita coisa que está me modificando, e isso me deixa muito feliz.

Cada palavra, cada caso e cada ensinamento são lições realmente transformadoras dentro de mim. Jamais esquecerei o dia em que conheci a Nina Brestonini e ela me disse que iríamos escrever um livro que modificaria totalmente a minha vida. E olhe só onde estou...

– Eu agradeço, Osmar, por você me permitir levar estas linhas a tantas pessoas que se modificarão ao se conscientizarem de que realmente são espíritos e de que há algo maior esperando por todos os filhos de Deus na eternidade.

– Lucas, então me explique, por favor, como vocês são remunerados.

– Aqui na vida espiritual, existe um salário que é pago com o que chamamos de bônus-hora.

– O que é isso?

– Todos os trabalhadores que estão em atividade na vida espiritual são remunerados com o bônus-hora. Assim como na Terra, os espíritos têm necessidade de alimentos, vestuário e moradia, o que aqui são propriedades coletivas. Ou seja, aquilo que é extremamente necessário é provido pelo plano espiritual, mas aqueles que trabalham podem adquirir, além do que falei, outros benefícios.

Você pode, por exemplo, comprar uma casa para morar com seus familiares e sair das unidades multifamiliares. Você pode comprar uma viagem para outras dimensões espirituais e conhecer outros universos, outras cidades espirituais, outras colônias, outras galáxias, etc. Você pode comprar roupas, comida e tudo o que quiser com o seu bônus-hora.

Cada hora de trabalho representa exatamente cada número de bônus-hora concedido, ou seja, não se valoriza mais o trabalho de um em detrimento do trabalho do outro. Ah, e você pode depositar seu bônus-hora em uma conta e, assim, juntar bônus-horas para realizar seus projetos, seus sonhos ou fazer uma viagem no seu período de férias com toda a família.

Para que possamos receber o benefício, Osmar, é necessário trabalhar sem esperar pela recompensa. Ou seja, o valor do bônus-hora está diretamente ligado ao desprendimento na atividade realizada. Portanto, o bônus-hora não tem valor econômico: ele representa o merecimento que o espírito adquire por cada hora de trabalho realizado, podendo ser revertido em seu próprio benefício ou em benefício de algum ente querido, seja ele encarnado ou desencarnado.

– Nossa, que legal!

– Fiquem todos sabendo que a Terra é um espelho do plano espiritual, estando sujeita a todas as provas pelas quais temos que passar. Dessa forma, nada mais lógico que aqui também possamos receber bônus-hora por nosso trabalho realizado no bem. Porém, não podemos esquecer que estamos falando da prática da verdadeira caridade, aquela que é desprendida, desinteressada e realizada através do amor fraterno àqueles que necessitam.

– Isso quer dizer que nem todos são remunerados? É isso?

– Exatamente. Mas você precisa conseguir conquistar a condição espiritual para ter direito aos benefícios espirituais que existe em todas as esferas, sejam elas inferiores ou superiores. Tudo depende única e exclusivamente de você.

– E como eu consigo esses direitos, Lucas?

– Evoluindo. Aproveitando cada oportunidade para se tornar um espírito melhor. A sinceridade é fundamental para que você comece a ser visto por aqui. Não existe falsa caridade. Entende?

– Entendo sim e acho isso muito legal, Lucas. Eu já havia lido algo sobre bônus-hora em um livro psicografado pelo nosso querido Chico Xavier.

– O André Luiz, pela psicografia de Francisco Cândido Xavier, revelou muitas coisas que eu aconselho que todos vocês estudem antes de tecerem qualquer juízo sobre o que falamos nesta obra.

– Excelente conselho, Lucas. Vou deixar registrado no livro.

– Agora, eu vou te explicar como funciona o lazer na vida espiritual. Você quer saber?

– Claro que sim, Lucas! Acho que vai ser ótimo todos nos aprendermos com você.

– E olha, quero te lembrar que estamos no Umbral e que, daqui a pouco, vou te levar a algumas revelações que serão benéficas a todos vocês.

– Estou escrevendo tudo, Lucas. Fique tranquilo.

– Vamos aprender sobre o lazer na vida espiritual?

– Só se for agora.

– Então, vamos lá.

O caminho que leva todos os espíritos em direção à perfeição, Osmar, passa por múltiplas experiências; tanto no plano físico quanto nos planos espirituais.

As dimensões espirituais são compostas por esferas, as quais se elevam à medida que se afastam da Crosta Terrestre. O que é importante deixar registrado nestas linhas é que tudo aqui se assemelha ao plano em que vocês estão encarnados – como tenho dito insistentemente neste livro. Embora alguns irmãos fiquem perturbados com realidades tão parecidas, por vezes demoram um pouco para compreender que agora fazem parte do nosso mundo e que não pertencem mais ao mundo físico.

– Que informação importante, Lucas.

– Sim, é muito importante que todos vocês saibam que não há surpresas, e sim revelações de tudo o que já fora dito pelas psicografias e por mensagens que chegam até vocês todos os dias.

– Eu sou muito grato, Lucas. Estou sempre atento a tudo o que chega até mim, pois aprendi que vocês se utilizam de diversas formas para nos orientar e nos ajudar.

– Vamos prosseguir?

– Sim, Lucas. Desculpe.

– A vida social que você vai levar nas colônias espirituais depende exclusivamente do estágio evolutivo em que você se encontra. Daquele em que você chega aqui...

Como regra geral, ao retornarem para a vida espiritual, os espíritos voltam ao grupo ao qual estão vinculados. Após um período de adaptação, podem ser convidados ou até mesmo escolherem programar uma nova encarnação.

Todos que estão nas cidades espirituais trabalham e estudam, mas também têm momentos de lazer e repouso. Como eu já lhe disse, não há ociosidade no mundo espiritual.

Ao chegarem e se adaptarem, todos cooperam nas inúmeras tarefas que são desenvolvidas nas cidades espirituais – sempre de acordo com as conquistas evolutivas no campo moral e intelectual de cada um. Embora o trabalho seja obrigatório, assim como é na Terra, ele tem o seu limite, para que possamos estudar e ter momentos de lazer.

Todas as colônias espirituais têm setores, locais e departamentos destinados ao estudo. Temos universidades, escolas, teatros e bibliotecas construídas com essa finalidade.

Na espiritualidade, o lazer sempre tem um objetivo superior. Aqui, os habitantes se reúnem para ouvir música espiritual, assistir a palestras, seminários e cursos, fazer pós-graduação e ter momentos de leitura e oração. Os que precisam de oração e prece e ainda se encontram encarnados – o que é muito comum – se encontram com os amigos para conversar, trocar conhecimento e falar das experiências evolutivas que estão tendo.

Quanto mais evoluído você estiver, menos você necessitará de repouso para reparar as suas energias – pois, de fato, há desgastes energéticos aqui. Preciso ressaltar que os espíritos inferiores são os que realmente precisam descansar e dormir. Aliás, estamos falando dos espíritos que estão nas cidades espirituais e colônias. Que isso fique claro...

Mas como dito, quanto mais evoluído for o espírito, menos descanso ele terá. Aprendam a diferenciar repouso de descanso; são coisas extremamente diferentes.

– Qual é a diferença, Lucas?

– Repouso é um momento de bem-estar livre de tensões emocionais e perispirituais. Já o descanso é ato de descansar, recarregar as energias, relaxar.

– Entendi, Lucas. Deixe-me perguntar outra coisa: os espíritos se alimentam?

– Depois da desencarnação, os espíritos não necessitam mais de alimento para nutrir o corpo. Mesmo assim, muitos que chegam aqui estão ainda arraigados às sensações físicas, ressentem-se da falta de alimentos mais grosseiros e precisam se nutrir de recursos energéticos mais consistentes. Por esse motivo, aqui na vida espiritual, vocês poderão ver alimentos à base de sucos, sopas e frutas.

Embora sejam muito semelhantes aos que vocês usam na Terra, aqui os alimentos são feitos à base de matéria do mundo espiritual e de acordo com o perispírito de cada um. Isso porque, quanto maior for a ascensão espiritual, mais delicado será o processo de alimentação.

– Nossa, Lucas, que legal! Como é bom aprender com você.

– Para nós, passar essas informações para todos vocês uma oportunidade única. Aproveitem...

– Lucas, como é a aparência desses alimentos?

– São cópias fiéis dos alimentos que vocês têm na vida física. Já o dissemos: a vida material se reflete na vida espiritual.

– E como será a nossa aparência depois da morte?

– A aparência (física) que você vai apresentar aqui depende muito de sua força mental e de seu estado íntimo. Quanto mais elevado for o espírito, maior é sua capacidade de ajustar seu perispírito.

Para os espíritos mais inferiores, passa a funcionar o automatismo da mente e, quase sempre, a aparência externa estará numa forma desarmônica, representando, logicamente, a desarmonia que há nesses irmãos.

É importante ressaltar que nem todos os espíritos que aqui chegam estão em condições evolutivas suficientes para plasmarem suas vestes perispirituais. E isso não tem nada a ver com aparência espiritual. Prestem muita atenção na leitura para não tecerem falsos julgamentos desses ensinos.

– E como se apresentam, Lucas, já que existem espíritos que não conseguem plasmar suas vestes?

– Há setores especializados na confecção de vestimentas, os quais utilizam substâncias fluídicas próprias do mundo espiritual. Precisamos ressaltar sempre que, de modo semelhante à vida de encarnado, o espírito tem uma família espiritual que, quase sempre, é muito maior do que aquela que supostamente acha ou tem na vida humana. Você tem muito mais familiares do que imagina, e todos vivem nas moradias compartilhadas, como uma espécie de comunidade.

– Eu já tinha pensado sobre isso, Lucas. Devo ter mesmo muitos avós, muitas mães, muitos pais, tios, primos, enfim... Muitos familiares me esperando na vida espiritual.

– Você não faz ideia de como você é maior do que imagina.

– Eu acredito que tenho um histórico familiar muito grande e quero, sinceramente, conhecer todos eles e, se me for permitido, reencontrar todos.

– Você já os conhece, só que, por enquanto, não lembra.

– Verdade, Lucas.

– Osmar, vamos aos ensinamentos. À medida que o espírito evolui, seu perispírito se tona mais sutil, ou seja, mais desmaterializado; com isso, deixa de sofrer a ação da gravidade. Por isso, os espíritos superiores se locomovem através de um processo denominado Volitação. Você já ouviu falar sobre isso?

– Sim, estudei bastante sobre o tema. Mas você pode nos explicar mais? Acho que vai ser muito útil nesta obra.

– Vamos lá. A Volitação permite que os espíritos que dela se utilizam se desloquem em altas velocidades. Para que vocês tenham uma ideia, não há barreiras intransponíveis para o espírito. A única barreira que nos impede é a moral.

A culpa, o apego às coisas materiais, a falta de perdão e os pensamentos desarmonizados são as maiores algemas que dificultam a locomoção dos espíritos na erraticidade. Por isso, ainda há espíritos que, para se locomoverem entre as colônias, precisam usar os meios de transporte normais que existem aqui.

São chamados de aerobus e são muito parecidos com os ônibus ou metrôs que vocês usam na vida material para se locomoverem. Por vezes, alguns desses veículos são vistos na Terra. Vocês os chamam de discos voadores.

– Como é bom sabermos de tudo isso, Lucas! Chega a nos confortar. É bom saber como são as coisas após a morte, e isso nos ajuda a entender (e até mesmo aceitar) a partida daqueles que se foram. À medida que vocês nos trazem essas informações, vamos nos acostumando, e a paz começa a crescer dentro de cada um que lê esses livros. Eu já desconfiava que os discos voadores que, por vezes, vemos na Terra planeta fossem, na verdade, veículos de transportes do mundo espiritual.

– Esses são os veículos que usamos nas colônias em todas as cidades espirituais e em alguns planetas habitados.

– Obrigado por nos revelar tantas coisas que precisamos para a nossa evolução espiritual.

– É para isso que estamos entre vocês...

– Eu sei disso, Lucas: "essa é a grande missão dos Espíritos". Sabendo da realidade que nos espera na continuação da vida, o temor da morte vai desaparecendo. Com isso, vamos nos sentindo estimulados ao esforço necessário para realizarmos as tarefas com que estamos comprometidos. Em especial, resolver os conflitos íntimos, trabalhar, estudar e servir no bem, certos de que, através da desencarnação, apenas nos transferimos de lugar e de endereço e continuamos conforme somos. Também passamos a entender que tudo depende de nós e de mais ninguém. Por isso, devemos nos modificar todos os dias, buscando nos conectar aos espíritos superiores e, através de seus ensinamentos, nos aperfeiçoarmos.

A vida nas esferas intermediárias nos possibilita antever como seremos venturosos nas regiões felizes, quando, pelo esforço permanente, tivermos vencido as nossas imperfeiçoes e conquistado o estágio de Espírito perfeito.

– Muito bom, meu rapaz.

– Obrigado pelo rapaz, Lucas.

– De nada.

– Lucas, já que estamos falando de perispírito, você tem algo que queira acrescentar ou nos dizer?

– Sim, temos algumas informações para passar, mas vamos esperar o momento oportuno. As informações devem ser levadas de acordo com a evolução dos espíritos encarnados, e é importante que todos vocês saibam disso. Poderíamos passar tudo o que vocês vão encontrar aqui, mas a maioria dos espíritos encarnados ainda não está preparada para isso.

– Por isso tantos livros e tantos autores diferentes. Não é, Lucas?

– Exatamente, a cada um, aquilo que está de acordo com sua capacidade de entendimento...

– Verdade.

– Vamos escrever?

– Sim.

– Então, anote tudo com calma. Preste atenção nos lugares e nos diálogos para que possamos passar de forma precisa aquilo que viemos expor.

– Deixa comigo, Lucas.

– Agora, eu tenho que ir. Em breve, procuro você para darmos continuidade a esta obra.

– Estarei te esperando.

– Até!

– Até breve, meu querido mentor espiritual.

Ele se foi e eu voltei à minha vida normal...

"

A morte é um acontecimento biológico, em que os órgãos entram em falência. Mas e o espírito? Esse continua...

"

Daniel

O Advogado

Passados alguns dias, eu me encontrei novamente com o Lucas. Ele parecia animado, e eu estranhei ele estar assim, pois ele sempre está sério, reflexivo e sereno.

– Olá, Osmar.

– Oi, Lucas. Vejo que você está feliz hoje.

– Sempre estou feliz, a felicidade é condição natural dos espíritos desencarnados.

– Nem todos. Não é, Lucas?

– Alguns continuam com sentimentos humanos, daí sofrem por coisas inúteis; mas eles terão o tempo certo de seu despertar. Não nos preocupemos com isso.

– Você é quem manda. A que devo a visita?

– Vim para continuarmos o livro. Podemos continuar?

– Eu estava mesmo ansioso para darmos continuidade. Estou muito curioso para saber e transmitir aos nossos leitores mais esse ensinamento. Se quiser, podemos ir imediatamente.

– Não fique ansioso, não vale a pena.

– Estou encarnado Lucas, cheio de sentimentos humanos.

– Aprenda a vivê-los intensamente e extrair lições diárias de tudo que puder, pois tudo o que vos acontece tem um propósito evolutivo.

– Faço isso sempre, querido mentor. E sei que não devo desperdiçar nada do que me acontece, mesmo as coisas não muito boas e que, por vezes, não acho serem justas.

– Estamos falando sobre justiça nas esferas espirituais, Osmar. Vamos continuar?

– Sim, claro que sim, estou pronto para darmos continuidade.

– Então se desdobre e me siga.

Naquele momento, em desdobramento, segui o Lucas.

Chegamos a um presídio dentro do Umbral. Era uma enorme fortaleza em um local ermo, onde não havia nada ao redor. Eu percebi que se tratava de um presídio porque o prédio à nossa frente era semelhante aos presídios que temos em nossas cidades.

Um pouco distante, pude ver uma densa floresta de árvores mortas e escuras. O lugar é cercado por muros bem altos, sobre os quais há cerca com arames farpados ou cerca elétrica. Não sei precisar, pois uma névoa escura não me permitia ver à distância. Também pude ver guaritas de vigilância no alto dos muros e nos cantos do complexo prisional. Nada mais que isso.

O portão que dá acesso é bem grande e feito de chapas de ferro. São pintados na cor verde, bem escuro. Uma estreita estrada nos levou àquele terrível lugar. O silêncio só era quebrado por sirenes que tocavam a todo tempo.

Curioso, logo perguntei a Lucas o que era aquela insistente sirene que não parava de tocar. Parecia que algo grave estava acontecendo naquele lugar.

– Lucas, essa sirene que toca de minuto a minuto. O que é?

– É um alerta.

– Um alerta?

– Sim. Para que os espíritos que se encontram presos não durmam.

– Que tortura essa... elas não param em nenhum momento?

– Há horários para tudo aqui. Você vai ver.

"Coitados, não podem nem dormir" – pensei.

– Venha, vamos nos aproximar e aguardar o nosso convidado.

– Quem é que vamos esperar?

– Leônidas.

– E quem é Leônidas?

– Um advogado.

Caminhamos lentamente em direção ao portão central. Ao chegarmos, ficamos em pé ao lado de fora à espera do ilustre advogado.

Não demorou muito e avistei que, em nossa direção, caminhava um homem de estatura mediana vestindo um terno azul escuro, sapatos pretos e gravata na mesma cor. Ao avistar Lucas, ele abriu um sorriso e acelerou os passos para chegar até nós mais rápido.

– Lá vem ele, Osmar.

– É o Leônidas?

– Sim, ele está um pouco atrasado, mas não devemos considerar atrasos; afinal, ele é quem vai nos ajudar a contar tudo neste livro.

– Por mim, tudo bem Lucas.

Após alguns minutos, Leônidas chegou ao lugar onde estávamos.

– Querido Lucas! – disse ele abraçando o nobre mentor com carinho.

– Como tens passado, Leônidas?

– Eu estou ótimo. Cada dia melhor... quem é esse rapaz?

– Esse é o Osmar, ele é escritor e está aqui desdobrado para escrever o que combinamos.

– Seja bem-vindo, Osmar – disse ele me cumprimentando com um aperto de mão.

– Eu é que agradeço ao senhor por me permitir estar aqui escrevendo. Obrigado!

– Vamos entrar – disse ele, nos convidando a nos aproximarmos do portão menor que fica no meio da grande muralha.

Havia uma pequena escotilha que se abriu quando nos aproximamos. Nela, pudemos ver o rosto de um rapaz, que nos olhou e nos cumprimentou.

– Sejam bem-vindos Dr. Leônidas e amigos – disse ele destravando o portão e nos permitindo entrar. O alto barulho dos trincos era ensurdecedor.

Leônidas entrou primeiro, seguido por Lucas; eu fui logo atrás.

– Como tem passado, Gentil?

– Estou bem. E o senhor?

– Tudo dentro da normalidade – disse ele apertando a mão do guarda uniformizado à nossa frente.

– Eles estão comigo, pode deixar que entrem, por favor.

– Sejam bem-vindos, senhores.

Entramos e Gentil nos levou ao prédio, o qual percebi que era alto e com paredes reforçadas. Passamos por diversas grades até que chegamos a uma pequena sala, onde havia uma mesa e quatro cadeiras nos esperando.

– Sente-se, Lucas – disse Leônidas, nos mostrando duas cadeiras.

Sentamos e permanecemos calados esperando por instruções. Então, Gentil se aproximou e a Leônidas umas folhas de papel presas a uma prancheta. Leônidas olhou e assinou duas daquelas numerosas folhas, devolvendo-as ao rapaz.

– Obrigado. Vou buscar o Felix.

– Obrigado, Gentil – disse Leônidas, sentando-se ao nosso lado.

Então, ele se dirigiu a mim como se me conhecesse há muito tempo.

– Então o nobre amigo vai escrever sobre como funciona a justiça que há aqui na vida espiritual?

– Sim, o Lucas me trouxe para eu escrever sobre os julgamentos e sobre como são recebidos nossos irmãos que tiveram uma longa jornada nos presídios, os que cometeram crimes e os que infringiram as Leis Naturais quando estavam encarnados.

– Já estava mais do que na hora de todos saberem como tudo acontece. Precisamos de escritores corajosos como você para difundir o como funciona a vida após a vida.

– Eu sou muito grato por essa oportunidade, Leônidas.

– Nós é que ficamos felizes em poder relatar para todos o que acontece aqui. Tenha certeza disso.

– O Osmar é autor de várias obras sobre a vida espiritual, Leônidas – disse Lucas, entrando em nossa conversa.

– Que bom! Vejo que o escritor está habituado ao Umbral.

– Não sei precisar quantas obras eu já escrevi aqui, mas foram muitas, posso te assegurar – disse.

– Leônidas, quem é Felix? – perguntou Lucas.

– Felix é um infeliz irmão que ficou preso durante muitos anos no presídio mental pelo arrependimento e outras coisas que fez à sua irmã e à sua família. Agora, ele está encarcerado aqui na vida espiritual já há bastante tempo.

– O que ele fez para merecer tal pena? – perguntei.

– Na verdade, meu nobre escritor, ele não matou ninguém. Ele não cometeu um crime muito grave aos olhos humanos: ele foi o algoz de sua irmã. O que todos poderão ver é que, da justiça divina e espiritual, ninguém escapa.

– Algoz de sua irmã? O que ele fez? – perguntou Lucas.

– Ele teve a infeliz ideia de fazer uma fofoca intencional com o cunhado, que resultou no assassinato de Leiza, sua irmã.

– Você pode me contar? – perguntei.

Naquele momento, Lucas interferiu em nosso diálogo novamente.

– Vamos fazer assim Osmar, venha comigo e vou te mostrar como tudo aconteceu.

– Como assim, Lucas?

– Vamos à encarnação de Felix e você poderá relatar tudo o que vê.

Olhei para Leônidas, que fez um sinal de cabeça aprovando nossa viagem. Foi então que me concentrei e chegamos à casa de Leiza e Geraldo.

A casa é bem humilde e fica num bairro humildc do subúrbio de alguma cidade, que, confesso, não reconheci. Chegamos, e naquela noite Leiza estava na cozinha preparando o jantar, como sempre faz após um dia de trabalho.

Ela parecia muito cansada. Havia acabado de chegar do serviço e estava muito preocupada, pois Geraldo já estava a caminho de casa e o jantar à mesa era exigência do marido.

– Meu deus! Estou muito atrasada com o jantar. Se Geraldo chegar e a comida não estiver pronta, ele vai ficar bravo comigo – pensava ela.

Eu e Lucas entramos e ficamos em pé na cozinha; Leônidas não nos acompanhou. Depois de poucos minutos que estávamos ali, Lucas me convida a segui-lo para fora dali.

Na esquina da casa em que o casal morava, pudemos ver um rapaz – que depois conheci como sendo Felix – esperando pela chegada do cunhado. Quando Geraldo se aproxima, ele é cercado por Felix, desejoso em lhe falar.

Lucas, então, olha para mim e diz:

– Anote tudo.

– Pode deixar.

– Geraldo! Geraldo! – gritou Felix, aproximando-se apressadamente do cunhado.

Geraldo ouve o chamado, para de caminhar em direção à sua casa e fica à espera de Felix, que se aproxima a passos rápidos.

– Como vai?

– Estou bem, Felix. E você, o que faz aqui a essa hora?

– Eu preciso ter uma conversa séria com você.

– Vamos até minha casa, lá poderemos conversar. Sua irmã já deve ter chegado e está preparando o jantar.

– Não, eu não posso ir até a sua casa. O assunto que tenho a tratar com você não pode ser na presença de Leiza. Ela sequer pode saber que nos encontramos.

– Que mistério é esse. cunhado?

– Não é mistério, eu só vim dizer para você abrir seus olhos.

– Abrir meus olhos? Como assim?

– Olha... eu não quero me passar como fofoqueiro, mas eu tenho algo muito grave para lhe contar.

– Pois conte, homem. O que houve?

– Não sei de devo.

– Agora que começou, tem que levar o assunto até o final.

Felix conhece bem o histórico de vida de Geraldo. Sabe que ele trata de um homem perverso e impulsivo. Geraldo já havia sido preso por ter assassinado um rapaz na adolescência; cumpriu a pena e agora estava em liberdade.

– Eu preciso que você jure que não vai dizer para ela que fui eu quem lhe contou o que vou falar.

– Jurar? Que papo é esse, Felix?

– Você sabe que eu gosto muito de você e tenho muita admiração pelo homem que você é.

– Felix, deixe de conversa fiada e fale logo o que tem para falar. Estou com fome e atrasado para o jantar. Sua irmã deve estar me esperando.

– Você me promete que não vai dizer que fui eu quem contou o que vou contar?

– Prometo, pode falar...

– Leiza tem outro homem.

– O quê?

– Isso mesmo que você ouviu: a minha irmã está te traindo com um colega de trabalho dela.

– Você tem certeza do que está falando, Felix?

– Absoluta. Eu mesmo vi ela outro dia saindo com ele e entrando em um motel.

Os olhos de Geraldo não escondiam o ódio que ele estava sentindo de sua esposa.

– Você me prometeu que não vai dizer que fui eu que contei isso.

– Eu te agradeço por me avisar.

– Não faça nada que possa estragar a sua vida, Geraldo.

– Eu não vou fazer nada com ela, pode ficar tranquilo. E obrigado por me avisar.

– De nada, cunhado. Agora, deixe-me ir, tenho que olhar a mamãe. Ela não está bem de saúde.

– É, eu sei, a sua irmã me falou.

– Eu tenho mesmo que ir. Até logo!

– Até – disse Geraldo, virando as costas e caminhando a passos acelerados até a sua casa. O ódio estava instalado em seu coração.

Em poucos minutos, ele chegou; eu e Lucas o acompanhávamos. Geraldo entrou e se dirigiu rapidamente até a cozinha para tomar satisfações com sua esposa sobre a traição.

– Oi, amor! – disse ela, carinhosamente. – O jantar já está pronto. Sente-se, vou colocar seu prato.

Geraldo olhou para Leiza com muito ódio. Ele ficou em pé no meio da cozinha, olhando Leiza arrumar a mesa. Então se dirigiu ao fogão para preparar o seu prato.

– Você não vai se sentar, amor?

Sem pensar e sem dizer uma só palavra, Geraldo pega uma faca que estava sobre a pia da cozinha e disfere vários golpes, assassinando Leiza sem ela sequer saber por que está sendo vítima da crueldade dele.

– Geraldo, meu amor, por que você está me matando!? – suplicava Leiza, dando os últimos suspiros de vida.

Após vários golpes certeiros, seu corpo ensanguentado cai no chão. Geraldo olha para suas mãos banhadas em sangue e friamente vai ao banheiro. Ele entra no chuveiro, toma um banho e se arruma para deixar a cena do crime. Após juntar algumas roupas em uma mochila cor azul, Geraldo foge sem deixar pistas de seu paradeiro.

Eu pude ver quando alguns espíritos chegaram e resgataram a pobre Leiza, adormecida no sono da morte.

– Venha, Osmar. Vamos voltar ao presídio.

Imediatamente, retornamos ao lugar onde Leônidas estava nos esperando. Eu estava bem abalado por ter assistido a um assassinato, mas a missão de médium não me permite escolher o que escrever, ver e relatar.

– Você viu, Osmar?

– Sim, Leônidas eu vi o que o ele fez.

– Ele já está vindo, e logo poderemos relatar quais foram os reais motivos que levaram Felix a fazer o que fez. Você vai ver, fique tranquilo.

– Obrigado.

– Quer um copo com água?

– Tem água aqui?

– Sim. Vou pedir ao guarda para trazer para nós. Você também quer Lucas?

– Não, obrigado.

Leônidas pede que o guarda que estava na porta, do lado de fora, traga alguns copos com água para bebermos. Bebemos a água, e eu consegui me reequilibrar para continuar a relatar tudo o que estava acontecendo.

Após alguns minutos, chegou à nossa sala um rapaz trazido por um carcereiro. Alto, ruivo e de pele sardenta, ele estava algemado e vestido com um uniforme de cor laranja. Felix é trazido e colocado sentado na única cadeira vazia que havia diante da mesa em que estávamos.

– Oi, Leônidas – disse ele ao se sentar.

– Esse aqui é o Lucas, e esse o Osmar, que está escrevendo sobre como funciona a justiça nos planos espirituais – disse Leônidas, nos apresentando.

– Oi – disse o rapaz para mim e para o Lucas, friamente.

Leônidas abre uma pasta que trazia consigo, retira alguns papéis e os coloca sobre a mesa. Então, ele diz:

– Felix, eu consegui marcar o julgamento do seu recurso no Supremo Tribunal Espiritual. Será na próxima semana.

– Será que eu conseguirei ser absolvido, doutor?

– Os argumentos que usei podem reverter sua sentença, mas não depende mais de mim, e sim do desembargador que vai julgar.

– O que tenho que falar?

– A verdade. Somente a verdade.

– O que eu fiz não merece perdão.

– Mas temos que tentar. Se não conseguirmos, você vai apodrecer aqui.

– Há quanto tempo você está aqui, Felix? – perguntei.

– Eu não sei bem certo... o tempo aqui é muito diferente do tempo em que eu vivia encarnado até o dia em que fui assassinado por um assaltante que invadiu a minha casa.

– Você foi assassinado?

– Sim.

– De que forma te assassinaram?

– Da mesma forma que matei a minha irmã.

– Mas, pelo que eu vi, quem matou a sua irmã foi Geraldo, seu cunhado.

– Mas fui eu quem fez com que ele a matasse. Eu sabia que ele iria matá-la. Conhecia muito bem o Geraldo, e ele não deixaria por menos.

– E como você se sente?

– O pior ser que existe.

– Por que você fez o que fez?

– Por ganância e desamor.

– Osmar, nós poderemos acompanhar o julgamento do recurso. O Felix terá que explicar para o desembargador o que realmente aconteceu. Vamos deixá-lo com Leônidas – disse Lucas, levantando-se e cumprimentando todos.

Sem falar nada, obedeci às orientações de Lucas e o segui até sairmos daquele lugar horroroso. Felix não disse mais nada, apenas ficou me olhando como se me pedisse perdão por tudo o que ele fez.

Deixamos o presídio após todos os cumprimentos.

– Osmar, outro dia procuro você para continuarmos. Pode ser?

– Claro, Lucas.

– Vá descansar.

– Obrigado, Lucas.

– Até breve! – disse ele, deixando-me em casa.

Voltei à minha vida normal, esperando pelo convite para continuarmos essa psicografia.

Preocupado, procurei por Nina, pois estávamos escrevendo um livro juntos, e ela me recebeu.

– Desculpe procurar você assim, Nina, mas estive no Umbral com o Lucas e estou preocupado com o livro que estamos escrevendo.

– Qual livro vocês estão escrevendo?

– Superior Tribunal Espiritual: A Justiça Divina.

– Qual o problema?

– Não sei se devo continuar. Perdoe-me a insegurança, é que estamos vivendo um momento complicado em nosso país. Eu não tive coragem de recusar essa psicografia com o Lucas.

– Fique tranquilo. Está tudo dentro da programação espiritual.

– Me conforta saber que não corro riscos.

– Siga ao lado de Lucas. Ele jamais vai te desamparar.

– Obrigado, Nina, e me desculpe, mais uma vez.

– Não há por que se desculpar.

– Até breve, Nina.

– Até breve, Osmar.

Voltei para meu trabalho na esperança de me reencontrar com Lucas para continuarmos o livro.

Os dias passaram...

“

Se alguém causar defeito em seu próximo, como ele fez, assim lhe será feito: fratura por fratura, olho por olho, dente por dente; como ele tiver desfigurado a algum homem, assim se lhe fará

”

(Levítico 24:19, 20)

O julgamento de Felix

Era um dia chuvoso e eu estava em casa descansando quando novamente o Lucas me procurou.

– Olá Osmar.

– Oi, Lucas.

– Vamos continuar a escrever?

– Sim, me dê apenas alguns minutos.

Me preparei e me dirigi ao local onde escrevo os livros. Ao chegar e preparar tudo, nosso querido Lucas chegou.

– Venha, Osmar, vamos até o tribunal assistir à audiência do Felix.

– Sim, vamos.

Em desdobramento, eu o segui e chegamos ao Umbral, na mesma região onde fica o presídio. O prédio da justiça fica em uma grande e larga avenida, onde é possível ver vários prédios. Todos são fechados e sombrios.

A majestosa e imponente construção sustentada por pilares altos se destacava naquele lugar. No reboco da parede, era possível ler a expressão “Palácio da Justiça – Fórum Regional”.

Uma grande escadaria nos levou até uma recepção que, naquele momento, estava vazia; não havia ninguém naquele lugar. Achei tudo bem estranho. Como assim um fórum onde não tem ninguém?

Subimos por uma escada até o terceiro andar. Lucas caminhava ao meu lado sem dizer nada; embora eu estivesse muito impressionado com tudo, esperava o momento certo para fazer minhas perguntas.

Eu observava tudo com bastante curiosidade. Tudo eram corredores extensos com diversas portas, nas quais era possível ler "Sala de audiência", "Sala de espera", "Sala de acordos", "1ª instância", "2ª instância" e muitos mais.

Eu realmente estava dentro de um fórum. Continuamos até chegar a uma sala em que estava escrito "1ª Instância – Desembargador".

Ao entrar, percebi que, na verdade, estávamos numa pequena sala de audiências. Todo o ambiente era branco; somente os móveis eram de madeira escura. Confesso que estranhei, pois, até aquele dia, eu não havia visto nada de cor clara no Umbral.

Não havia ninguém na sala. Entramos e nos sentamos na primeira fileira de cadeiras, muito perto de onde se sentam os advogados e o réu.

– Sente-se, Osmar.

– Obrigado, Lucas.

Sentei-me e permaneci calado à espera dos acontecimentos. Lucas se manteve sereno ao meu lado. Eu estava ansioso para ver e saber como tudo funciona, mas me mantive calmo. Não demorou muito e alguns espíritos começaram a chegar.

Moças, rapazes, senhoras e senhores. Todos bem vestidos, sentaram-se nas diversas cadeiras espalhadas pela sala. Foi quando o advogado Leônidas chegou.

– Olá, Lucas – disse ele baixinho, cumprimentando-me com um olhar.

Após nos cumprimentar, ele entrou num ambiente reservado à nossa frente e se sentou. Havia três lugares vazios ao seu lado.

Pudemos ouvir uma sirene não muito alta. Ela era muito parecida com aquelas que ouvíamos em nossa escola ou em teatros um pouco antes dos espetáculos começarem.

Todos ficaram em pé. Eu e o Lucas nos mantivemos sentados: quando pensei em me levantar, Lucas segurou o meu braço e, com o olhar reprovador, informou-me que eu não precisava levantar.

Obedecendo ao mentor, permaneci ao seu lado sentado e calado, esperando pelos acontecimentos para poder anotar tudo. A ansiedade tomou conta de mim.

Naquele momento, um senhor de cabelos grisalhos entrou e se sentou na cadeira principal do balcão que ficava à nossa frente. Ao seu lado, sentaram-se uma jovem morena de cabelos cumpridos e um outro senhor, também de cabelos grisalhos. Todos que estavam de pé na sala se sentaram após a chegada do trio.

– Bom dia, senhores e senhoras – disse o homem em voz firme e alta.

Todos responderam.

– Bom dia, magistrado.

– Quem é ele, Lucas?

– O desembargador do caso.

Após bater três vezes com um malhete sobre a base apropriada, o desembargador autorizou a entrada do réu.

– Que entre o réu – disse ele, novamente em voz alta.

A porta ao lado se abriu e pudemos ver Felix, o prisioneiro, ser trazido por dois guardas.

Ele estava bem abatido e usava as mesmas vestimentas que pude ver quando o encontrei no presídio. Felix foi colocado em uma cadeira no centro do lugar, de frente para o desembargador e para os que estavam ao seu lado. Após os guardas se afastarem, a moça morena começou a falar.

– Bom dia, senhoras e senhores. Estamos aqui para julgar o recurso impetrado pelo advogado do réu. O processo de número 00555444 está aberto para julgamento. Com a palavra, o advogado de defesa.

Leônidas se levantou, aproximou-se de Felix e começou a falar.

– Excelentíssimo desembargador, senhores magistrados, senhores advogados, senhor promotor e demais senhores, bom dia!

Em primeiro lugar, eu gostaria de lhes apresentar o meu cliente. O nome dele é Felix, tem 33 anos de idade, é filho de Vidalina e José Tenório e irmão de Leiza, sua única irmã e a caçula da família.

Felix nasceu muito pobre numa cidade muito carente do interior. Desde menino, começou a ajudar os seus pais nas tarefas de uma pequena propriedade em que viviam. Ajudava seu pai a cuidar dos animais, da plantação e da horta de onde eram tirados os alimentos que sustentavam aquela pequena família.

Muito pobres, mudaram-se para uma capital brasileira, onde seu pai José pôde trabalhar na construção civil e dar uma vida melhor para seus filhos e esposa.

Sua irmã, Leiza, sempre trabalhou, desde muito jovem. Quando conseguiu seu primeiro emprego em um comércio local, através de esforço e dedicação, ela conquistou sua independência muito cedo, indo morar com as amigas. Com isso, deixou seus pais, José Tenório e Vitalina, aos cuidado de Felix.

A fome, senhores, na idade de infância, acaba causando fragilidades mentais. Felix sempre teve muito medo de voltar a sentir o que sentia quando criança nos sertões da fome.

Se os senhores me permitirem, eu gostaria de interrogar o réu para que todos possamos ouvir, dele próprio, os motivos e as experiências de vida que o levaram a fazer o que fez com sua família.

Naquele momento, o desembargador olha para Leônidas e o autoriza a realizar o interrogatório.

– Está concedido o direito de interrogar – disse o magistrado.

– Felix, qual sua idade?

– Quando deixei a vida de encarnado, eu tinha 33 anos.

– Como se sucedeu seu desencarne?

– Eu fui assassinado por um bandido que, junto de três comparsas, invadiu minha casa para roubar.

– E como ele te matou? Como aconteceu a sua morte?

– A facadas, como minha irmã morreu. Ele me matou a facadas.

– Você morreu imediatamente ou chegou a ser socorrido?

– Fiquei por mais de seis horas agonizando no chão da cozinha de minha casa, em uma enorme poça de sangue, até que desencarnei.

– E por que houve o assalto em sua residência?

– Um pouco antes da morte da minha mãe, eu precisei deixar o trabalho para cuidar dela. Após a sua morte, eu não precisei mais trabalhar, pois, antes de morrer, meu pai havia nos deixado uma outra casa, que estava alugada, e um apartamento, também alugado. Além disso, deixou uma boa quantia de dinheiro depositada na poupança que herdei após o falecimento de minha mãe. Isso chamou a atenção dos ladrões que me mataram.

– Qual era a sua profissão quando encarnado?

– Eu trabalhei em um escritório, como auxiliar.

– E o que você fazia lá?

– Preenchia formulários para encaminhar para as filiais da empresa. E cuidava de todas as mensagens trocadas entre as gerências, além de fazer o controle dos gastos gerenciais.

– E quanto tempo você trabalhou nesse lugar?

– Três anos, senhor.

– E antes, você havia trabalhado em algum em outro serviço?

– Eu trabalhei em diversos lugares: comércio, construção civil, junto com o meu pai e trabalhei em uma loja de materiais de construção. Mas o trabalho que mais gostei foi na última empresa, da qual precisei me desligar para cuidar da minha mãe.

– Fale para nós um pouco sobre a sua infância, por favor.

– Quando eu era criança, morávamos em um lugar muito distante da capital nordestina do Brasil. Meu pai havia herdado um pedaço de terra dos meus avós, mas éramos muito pobres e comíamos o que plantávamos. Tínhamos duas cabras que davam leite. Mas o leite que elas davam não era suficiente, a não ser para o nosso infeliz café da manhã, que normalmente era meio copo de leite de cabra e um punhado de farinha.

– Você passou muita fome quando era criança?

– Fome... eu nem sabia o que era isso, pois pesava 25 quilos com 10 anos. Eu sentir o estômago roer as minhas tripas era a coisa mais comum. A seca era nosso maior inimigo. Quase tudo que plantávamos não vingava, pois dependíamos da chuva para sobreviver.

Minha mãe, coitada... era magra, quase não tinha dentes e sofria muito ao nos ver assim. Não foram poucas as noites em que eu a via sentada do lado de fora de casa gemendo de dor de dente.

– E quando foi que as coisas começaram a melhorar para vocês?

– Uma vez, um primo de meu pai foi à nossa cidade para visitar familiares e passou lá em casa. Quando ele viu nossa situação, imediatamente convidou meu pai para ir trabalhar com ele em uma grande capital brasileira. Arrumamos os trapos e fomos com ele para lá.

Meu pai sempre foi um homem muito trabalhador e, em poucos anos, já tínhamos duas casas: a que morávamos e outra que alugávamos.

– E aí?

– Aí as coisas melhoraram muito. Minha irmã logo cedo saiu de casa; Leiza nunca gostou de ser pobre. Não gastávamos quase nada. Quando compramos um apartamento entregue por um programa habitacional do governo, passamos a aluga-lo também.

Meu pai junto e minha mãe sempre trabalharam. Com isso, conseguiram melhorar rapidamente nossas vidas. A minha mãe, desde que chegou na nova cidade, começou a trabalhar como costureira em uma fábrica clandestina de roupas, e tudo o que ganhava, economizava. Chegamos a juntar um bom dinheiro no banco.

– Você amava seus pais?

– Muito. Eu sempre cuidei deles com muito amor e carinho.

– E sua irmã?

– Leiza sempre foi ausente. Ela culpava minha mãe pela pobreza em que vivemos. Nunca valorizou o sofrimento de mamãe e papai para nos dar o melhor. Sempre foi rebelde e nunca ajudou em nada a nossa família.

– Com quantos anos ela saiu de casa?

– Dezesseis anos. Logo que se enrabichou com um rapaz, ela não quis respeitar as ordens dos nossos pais e saiu de casa para morar com umas amigas. Assim, conseguiu sua liberdade.

– E seus pais não fizeram nada?

– A minha mãe uma vez chegou a dormir na calçada da casa em que Leiza morava para poder conversar com ela e tentar trazê-la de volta para casa. Naquele dia, eu quase morri de pena da minha mãe.

– E sua irmã, não a recebeu?

– Fez pior! Xingou a minha mãe de tudo quanto é palavrão, expulsando ela da calçada e da rua. O meu pai, quando soube daquilo, proibiu a minha mãe de procurar Leiza. Eles nunca mais a quiseram saber dela.

– O que você fez nessa época para ajudar seus pais?

– Eu tentei conversar com Leiza... Eu pedi para ela não fazer aquilo com eles, mas ela sequer me atendia no trabalho, que era o único lugar que eu tinha chance de encontrá-la. Foram várias as vezes que fui até o hipermercado em que ela trabalhava para tentar convencê-la a procurar nossos pais e pedir perdão. Mamãe morreu sofrendo por tudo o que Leiza fez a ela. Acho até que o câncer que a matou foi devido à tristeza que ela carregava no peito, por Leiza ter feito tudo o que fez a ela e à nossa família.

– Leiza não lhe recebia quando você a procurava?

– Nunca. Ela nunca olhou na minha cara. Inventava mil desculpas para não me atender. Ela sabia que o assunto era os nossos pais, mas Leiza sempre foi muito fria conosco.

– E o Geraldo? Como você o conheceu e como era sua relação com ele?

– Eu conheci o Geraldo na escola; nós estudamos juntos. Ele sempre foi complicado, mas sempre me tratou bem. Ele vivia arrumando confusão na escola. Começou a usar drogas ainda muito novo, até que um dia matou um menino na rua e foi preso.

– E você sabe por que ele matou o rapaz?

– Briga por causa de drogas. Foi o que me contaram... não sei bem certo o que aconteceu.

– Você sabe por quanto tempo ele ficou preso, Felix?

– Não sei dizer, mas não foram muitos anos. Ele saiu da prisão em pouco tempo.

– Como ele começou a se relacionar com a sua irmã?

– Eles já haviam namorado no tempo da escola. Depois de alguns anos, logo que ele saiu da cadeia, eles se encontraram novamente e foram morar juntos.

– Ele era uma pessoa ruim?

– Muito. Sempre foi ruim. No bairro, todos tinham muito medo dele. Ele nunca fez questão de agradar ninguém. Perdeu seus pais muito cedo, e logo se envolveu com o crime.

– Então, por que você entregou (ou melhor), por que você inventou aquela história para ele fazer o que fez a Leiza?

– Minha raiva pela minha irmã começou quando o papai morreu e, no enterro, ela me disse: "Olha, você não pense que vai ficar com tudo sozinho não. Eu só estou esperando essa aí morrer (apontando para mamãe) para pegar minha parte da herança. Eu estou de olho em vocês...".

– Ela disse isso?

– Disse pior. Disse que nem iria ao enterro da mamãe; para ela, o que interessava eram os imóveis e a grana na poupança dos velhos. Eu não sei como ela sabia de tudo o que tínhamos, mas desconfio que mamãe tenha falado para ela. Mas não para me afrontar ou fazer mal, mas porque minha mãe sempre amou minha irmã e se preocupava com o futuro dela.

– E aí?

– Eu não fiz nada naquele dia, eu estava em luto pela morte do meu pai. Ele sempre foi meu amigo, companheiro e o melhor pai do mundo. Um homem que dedicou a vida inteira a mim e à minha mãe.

– O que aconteceu depois?

– Passados dois anos, a minha mãe adoeceu. Eu levei ela ao médico e, após vários exames, ela foi diagnosticada com câncer de mama.

Levei ela várias vezes para fazer quimioterapia. Foi quando deixei o trabalho para me dedicar exclusivamente aos cuidados dela, pois ela passava muito mal com os efeitos da quimioterapia.

Após um longo ano de tratamento, foram descobertas metástases no pulmão, no fígado e nos ossos. Foi então que os médicos disseram que ela teria pouco tempo de vida. Eu procurei Leiza e contei tudo pelo telefone, porque pessoalmente era impossível encontrá-la.

Ela reagiu com a frieza de sempre e me disse: "Cuide dela você. Eu não quero saber de nada. Me avisa quando for dividir a herança. É só isso que me interessa".

Eu fiquei muito revoltado com Leiza, daí eu conversei com Geraldo e expus a ele todo desamor de minha irmã. Ele ouviu tudo calado e disse que não iria se meter nesse assunto de família.

Passados alguns meses, eu tive a ideia de fazer o que fiz. Eu sabia que ele a mataria se soubesse de alguma coisa sobre traição. Fiz porque ela não merecia receber nem um centavo do suor do meu pai e da minha mãe. Ela não era digna de nossa família.

Assim, quando minha mãe morreu, eu herdei tudo que era dela e do papai.

– Você não foi acusado de nada? A polícia não desconfiou que você poderia estar envolvido no assassinato de sua irmã?

– Geraldo morreu poucos dias depois, quando reagiu a uma tentativa de prisão na favela em que ele estava escondido após a matar Leiza. Esse segredo ficou entre nós.

– O que você gostaria de solicitar a esta corte?

– Eu gostaria de receber minha liberdade e poder ser transferido para uma das cidades espirituais existentes, a fim de estudar e ser beneficiado com uma nova encarnação – se possível, ao lado de Leiza, do meu pai e da minha mãe, para que, juntos, possamos reparar todos os nossos erros. Eu tenho consciência de que errei e só poderei reparar o que fiz se tiver uma nova oportunidade.

– Obrigado por suas respostas, Felix – disse Leônidas, retornando ao seu lugar e permanecendo em pé para falar.

Felix abaixou a cabeça, e eu pude ver que aquele rapaz estava muito arrependido de tudo o que havia feito em sua última encarnação.

– Como podemos observar, Excelência, a verdadeira história é que essa mulher fria, desumana e ingrata merecia o que recebeu de seu marido, que é o real assassino. Meu cliente agiu por impulso. Ele não queria realmente que Leiza fosse assassinada (embora conhecesse muito bem o seu cunhado).

Geraldo foi quem deu ouvidos a Felix. Ele poderia simplesmente tirar satisfação com Leiza, mas preferiu tirar-lhe a vida. Felix, pelo exposto, tinha em mente defender seus direitos de filho dedicado e amoroso que cuidou de sua amada mãe até os últimos segundos de vida, enquanto a fria e desumana Leiza se divertia curtindo a vida e só se preocupava com os bens que os pais iriam deixar.

Diante do exposto, peço à Vossa Excelência que meu cliente seja libertado e conduzido para uma colônia espiritual, onde poderá estudar e reprogramar encarnações de reparo, buscando sua evolução espiritual. Peço a todos que seja permitido a Felix seguir sua trajetória evolutiva. Muito obrigado – disse Leônidas, sentando-se.

– Alguma pergunta, nobre colega? – disse o desembargador, dirigindo-se ao senhor que estava ao seu lado.

– Eu gostaria de fazer algumas perguntas, se me é permitido, Excelência.

– O réu é todo seu, caro colega.

O homem então se levantou da cadeira ao lado do desembargador e passou para a frente de onde estávamos. Ele chegou muito perto de Felix para interrogá-lo.

– Sr. Felix, bom dia!

– Bom dia, doutor.

– Felix, o senhor, em nenhum momento, pensou que seria responsabilizado pelo crime? Quero dizer, pelo assassinato da sua irmã?

– Confesso ao senhor que, quando me afastei de Geraldo, eu comecei a sentir algo muito ruim dentro de mim. Uma dor no peito e uma angústia por ter feito o que fiz. Eu senti que algo de muito ruim aconteceria a Leiza, mas não tive coragem de voltar e falar toda a verdade, mesmo porque eu é que poderia ser a vítima se ele soubesse que era tudo mentira. Tive medo da reação dele naquele dia.

– E o que o senhor fez, então?

– Eu não dei ouvidos ao que meu coração me dizia para fazer naquela hora.

– E o que o seu coração lhe pedia para fazer, senhor Felix?

– Ele me pedia para voltar correndo até a casa deles e evitar o pior. Me pedia para dizer a verdade. Dizer que foi tudo invenção da minha cabeça e falar quais eram as minhas reais intenções com toda aquela história.

– E por que não o fez, sr. Felix?

– Minha ganância falou mais alto. Meu orgulho, meu desprezo pela minha irmã e o ódio que sentia por não gostar de nós: tudo isso pesou muito na minha decisão naquela hora.

Após uma pequena pausa, ele prosseguiu.

– Minha cabeça parecia que ia explodir em um turbilhão de sentimentos ruins. Eu estou muito arrependido, por isso peço aos senhores: permitam-me reencarnar e reparar meus erros. Por favor!

– Eu tenho mais perguntas para o senhor. Fique calmo e responda com sinceridade... temos tempo. É muito importante que todos nesta corte ouçam as duas partes para que possamos fazer justiça.

Naquele momento, todos viam algumas lágrimas que desciam pela face magra e sofrida de Felix. Ele as secou com as mãos e se preparou para ouvir mais uma pergunta.

– Posso perguntar? O senhor está bem? Está refeito? Quer um copo com água? – disse o senhor que o interrogava.

– Sim, pode perguntar doutor, desculpe-me. Eu estou bem, não preciso de água.

– Se o senhor tiver que reencarnar e, por acaso, receber Leiza como filha e ela for totalmente dependente do senhor, maltratá-lo e odiá-lo e, mesmo assim, o senhor tiver que cuidar totalmente dela se ela não tiver sanidade mental, não puder andar, se alimentar e se vestir. O senhor acha mesmo que está preparado para perdoar e, quem sabe, ser perdoado? O senhor está pronto para sofrer rejeição e, mesmo assim, amar? O senhor está pronto para viver na miséria, passar necessidades e ter que dividir seu único alimento com sua irmã? Você está realmente disposto a recomeçar?

– Eu não sei em quanto tempo apodreço naquela cela em que estou. O que sei é que, se eu não perdoar, se eu não aceitar uma nova oportunidade e nela reparar todas as minhas falhas, eu nunca mais sairei daquele chiqueiro maldito.

Eu preciso que os senhores confiem em mim e permitam que eu me salve. Eu sei o que fiz, sei como consertar; só preciso de uma chance, somente mais uma oportunidade.

– O senhor sabe que já houve outras oportunidades para reparar seus erros com Leiza; mas, até agora, você desperdiçou todas as encarnações que teve ao lado dela. E pior: continua repetindo os mesmos erros do passado.

Leiza sempre foi boa para você e para seus pais. Embora nessa encarnação ela os tenha abandonado, nas encarnações anteriores foi o senhor quem a abandonou.

– Eu sei...

– Você sabe que, em vidas pretéritas, seus pais e Leiza morreram de fome porque o senhor os deixou para morrer, pois não achava justo dividir o que tinha. Era um homem avarento e muito cruel, principalmente com seus familiares. O senhor se lembra dessa vida?

– Sim, eu me lembro. E estou arrependido de tudo.

– Pois nós também não esquecemos. Não esquecemos quando o senhor amarrou o seu pai dentro daquele minúsculo quarto onde guardavam ração para o animais e, para não morrer de fome, ele teve que comer baratas e ratos, que eram suas companhias naquele terrível lugar. Enquanto isso, o senhor ia até a cidade grande para vender a produção da família e se esbaldar nos bordeis, bebendo, fumando e copulando com prostitutas que lhe roubavam todo o dinheiro da pequena produção, que era fruto do trabalho sofrido de Leiza e dos seus pais no solo árido do sertão em que viviam.

Nós não nos esquecemos que, em encarnação anterior, você negociou Leiza quando ela tinha apenas 14 anos de idade. Você vendeu a sexualidade de sua irmã por uma garrafa de cachaça. O senhor se lembra?

– Sim, eu me lembro de tudo o que fiz a eles. Não sei onde estava com a cabeça quando fiz tanto mal às pessoas que mais amo.

– E agora o senhor quer ser perdoado?

– Estou sinceramente arrependido de tudo o que eu fiz. Nem sei o que dizer aos senhores para convencê-los a me libertar... Eu espero que os senhores compreendam que eu preciso dessa oportunidade. Eu não tenho como resolver as coisas se não receber uma nova chance...

– Eu não tenho mais perguntas, excelência – disse o senhor, voltando a se sentar ao lado do desembargador.

– Alguém neste tribunal tem mais algo a dizer? – questionou o magistrado.

– Excelência, eu peço que considerem nossas alegações e libertem Felix – disse Leônidas.

– Sem mais nada a dizer ou acrescentar, dou por encerrada esta audiência. O réu e seu advogado devem aguardar a sentença que esta corte dará em breve. Levem o prisioneiro de volta ao presídio; ele deve aguardar a decisão encarcerado. Se houver necessidade de novo interrogatório, uma nova audiência será marcada.

O desembargador bateu seu malhete em base apropriada por três vezes, decretando o encerramento da sessão.

Felix foi levado pelos guardas sem nada dizer.

Todos saem. Eu, Lucas e Leônidas ficamos sentados no tribunal vazio.

– Anotou tudo, escritor?

– Sim, Leônidas.

– Não se preocupe com a linguagem que você vai usar em sua psicografia. Sabemos que o médium não é conhecedor da linguagem corriqueira do Direito. Na verdade, é um linguajar próprio, o juridiquês, usado entre advogados, magistrados e todos aqueles envolvidos com o juízo.

– Realmente, Leônidas, essa preocupação passou pela minha cabeça, porque certamente advogados e pessoas ligadas à justiça vão ler esta obra e podem questionar: por que não foi usada a linguagem do Direito já que se trata de uma psicografia?

– O que todos precisam saber é que você não é obrigado a usar nosso linguajar, você não é conhecedor. Além disso, você foi escolhido para essas obras justamente pelo seu jeito simples de transformar o que falamos em linguagem compreensiva a todos aqueles que leem nossos livros – disse Lucas, acalmando-me naquela hora.

– Realmente, eu recebo muitas mensagens nesse sentido... Pessoas que deixam de ler livros devido à linguagem muito rebuscada que alguns escritores usam. Eu procuro ser simples, como é minha vida e tudo o que faço. Aos críticos, deixo o direito de acharem o que quiserem. Estou aqui em uma missão, e minha missão é escrever com simplicidade para pessoas simples.

O *feedback* que recebo dos leitores é muito positivo. São pessoas que não têm o hábito da leitura, mas quando se deparam com uma obra que psicografei (de linguagem fácil, histórias envolventes e não muito grandes, o que torna a leitura prazerosa e rápida), se encantam e, através da forma da escrita, conseguem entrar na história e se sentem parte dela. Quando isso acontece, essas pessoas acabam pegando o gosto pela leitura, e isso me deixa extremamente feliz, afinal essa é minha missão: levar os ensinamentos espíritas aos mais simples e humildes.

– É isso aí, Osmar! Que bom que você entendeu sua missão. Jamais dê ouvidos àqueles que criticarem você pelo seu trabalho ou pela forma que você escreve. Confie sempre na espiritualidade que lhe cerca e siga em frente, levando nossos ensinamentos a todos aqueles que, em algum momento da vida, precisam se conscientizar que a vida não é simplesmente viver, a vida é existir, "porque quem vive não existe, mas quem têm consciência que existe sabe o que é viver" – disse Lucas.

– Continue a escrever assim, meu rapaz – disse Leônidas, me conformando.

– Obrigado, senhores. Eu realmente sou grato a vocês por me permitirem escrever estas linhas. Às vezes me canso da hipocrisia que existe nas pessoas que sequer sabem meu sobrenome mas são experts em me julgar. Sei que todos os missionários passam ou passaram pelo que passo todos os dias, mas uma coisa eu posso lhes assegurar: jamais me venderei aos que se acham sabedores de todas as verdades espirituais. Eu mesmo, em cada psicografia, aprendo muito sobre os planos espirituais e, a cada ensinamento, procuro modificar um pouco tudo dentro de mim.

– Continue assim, Osmar – disse Leônidas.

– Agora, precisamos ir, Leônidas. Nos encontramos em breve – disse Lucas, levantando-se e cumprimentando o advogado com um aperto de mão.

Eu repeti o gesto e saímos do Superior Tribunal Espiritual com a certeza de que voltaríamos outro dia.

Confesso que me senti aliviado por poder expressar tudo o que sinto. Não foram poucas as vezes que pensei em desistir do meu trabalho. Eu lembro que, há pouco tempo atrás, eu estava decidido a deixar a casa espírita. Estava triste e desiludido com tudo o que havia acontecido em minha vida espiritual até aquele dia.

Foi quando ouvi Chico Xavier. Ele me disse: "Osmar, venha até Uberaba. Eu preciso falar com você". Eu nunca vi o Chico, mas volta e meia eu consigo ouvi-lo, e ele sempre que fala comigo é para me aconselhar.

Então perguntei: "Chico, por que você não fala o que tem para falar? Por que eu preciso ir até Uberaba? É tão longe de onde estou...". Ele não me respondeu.

Eu fiquei com aquilo na cabeça por várias semanas, e o desânimo só aumentava. A missão espirita é muito sofredora, ingrata e solitária; todos devem saber disso.

Quando chegou o mês do meu aniversário, decidi que me daria de presente uma viagem até Uberaba com a minha esposa, que também aniversaria no mês de maio. Eu precisa ouvir o Chico... aquilo não saia da minha cabeça.

Peguei meu carro e viajei com a minha Michelle. Após várias horas de viagem, chegamos e nos hospedamos em um hotel próximo à residência de Chico. Fiquei esperando por seu contato naquela noite, o que não aconteceu.

No dia seguinte, após o café da manhã, nos dirigimos ao museu montado pelo Eurípedes, seu filho. Ao chegar à rua onde fica a casa do Chico, me emocionei bastante e comecei a chorar, tamanha é a energia de Chico naquele lugar.

Após uma pausa de lágrimas, consolado pela Michelle, eu toquei a campainha da loja que há na entrada do lugar. Fui recebido pelo Eurípedes com um sorriso no rosto. Ele parecia que me conhecia há muito tempo, tamanha era a simpatia dele para conosco.

Entrei e, ao lado dele, visitei todo o lugar. Me emocionei quando cheguei ao lado da cama em que o Chico dormia. Me ajoelhei e orei por ele. Naquele quarto, eu chorei horrores...

Eurípedes, percebendo minha emoção, se afastou naquele momento e eu fiquei ali, ajoelhado e conversando comigo mesmo... que homem foi Chico Xavier...

Depois, visitei a sala onde ele fazia as psicografias. Foi ali que Eurípedes me chamou para um conversa particular. Parecia que ele tinha algo para me contar.

Nos sentamos em um banco e ele começou a se abrir comigo. Disse-me muitas coisas e, naquele momento, eu percebi que na verdade era Chico quem falava comigo. Ele me contou sobre todas as dificuldades que Chico teve até o dia de sua morte. Me falou de um homem injustiçado, caluniado, explorado, enganado, lubrificado , muitas vezes chamado de charlatão. Enfim, um homem que sofreu tudo o que um enviado sofre, pelas palavras Santas de Jesus.

Aquela conversa caiu como uma luva em mim. Eu vi que o que passei, passo e ainda passarei é pouco diante da grandiosidade do trabalho que tenho a fazer ao lado dos meus mentores espirituais. Ele me falou das casas espíritas que o Chico fundou e precisou abandonar por motivos iguais aos que enfrento todos os dias para manter a nossa instituição funcionando.

A nossa conversa fluía. Era como se nos conhecêssemos por muitos anos. Ele me contou muita coisa que lhe prometi segredo e que aqui não vou contar. Mas saí dali com a certeza de que eu só estou no começo de uma trajetória de sofrimento e ingratidões. E eu não tenho o direito de recuar.

Visitei o túmulo do Chico. Quando cheguei ao local da sepultura, chorei ao perceber que muitos espíritos ficam ali, perto dos restos do Chico, agradecendo por ele tê-los ajudado em algum momento de suas vidas.

À noite, convidado pelo Eurípedes, voltei ao centro espírita que funciona no mesmo lugar em que o Chico trabalhava. Me sentei à mesa onde tudo o que ele fazia pelo espiritismo se sentava. Chorei novamente emocionado pela oportunidade de estar ali, no lugar onde Chico viveu toda a sua vida, numa cadeira ao lado da sua.

Eurípedes me chamou no canto e me levou até um cofre, de onde tirou algumas pastas com documentos e me disse:

– Leia esses documentos. Não tire foto e não conte a ninguém o que você vai ler aí. Esse dossiê é secreto. Você é a única pessoa que confio para ler.

Emocionado, peguei as três pastas que ele me deu e corri para o hotel. Eu precisava ler aquilo tudo naquela noite, pois a minha viagem de volta já estava marcada para o dia seguinte pela manhã.

Passei quase a noite inteira debruçado sobre o dossiê. Eram mais de três horas da madrugada quando terminei a leitura e fui me deitar; logo, adormeci.

Naquela madrugada, o Chico apareceu em sonho para mim. Ele me pedia para não desistir do meu trabalho, não desistir do centro espírita. Ele disse: "Osmar, não desista do amparo e do auxílio aos mais necessitados... Dobre a manga da sua camisa e trabalhe pelos que precisam de sua ajuda".

Acordei novamente emocionado e chorando muito. Finalmente, eu pude ver e ouvir o Chico. Vou levar o conteúdo desses documentos para o tumulo comigo, pois essa foi a minha promessa ao Eurípedes e ao Chico Xavier.

Voltei renovado e introduzi algumas mudanças no centro espírita do qual sou presidente. Estamos mais focados em ajudar pessoas do modo que estamos capacitados. As coisas melhoraram dentro de mim. Me conscientizei de que se o Chico suportou e não desistiu, quem sou eu para parar minha caminhada?

Assim, sigo meu trabalho dedicado às psicografias e aos atendimentos no Hospital Amor e Caridade. Procuro não dar ouvidos àqueles que não sabem o que é uma missão mediúnica e sequer sabem o que é mediunidade.

Obrigado, Chico, por ter me ajudado a continuar.

Gratidão eterna ao Eurípedes, pelo carinho e pela atenção comigo e minha esposa... você mudou minha vida...

Jamais esquecerei esse dia...

"

Escrevo de forma simples, porque sou simples e vivo uma vida simples. Simples assim...

"

Osmar Barbosa

Um bate-papo com o mentor

Os espíritos sempre agem em conformidade com nossa capacidade e qualidade mediúnica. Eles não conseguem usar coisas para as quais o médium não tenha certa predisposição. O que os médiuns precisam entender é que só conseguirão estabelecer uma conexão perfeita ao se dedicaram ao estudo sistematizado e, através de dinâmicas, cursos, imersões e muita leitura, aperfeiçoarem o seu conhecimento para estreitar a relação com os espíritos superiores.

O que todos os que se relacionam com espíritos precisam compreender é que a mediunidade não é algo que serve para propósitos pessoais, financeiros ou para iludir e enganar pessoas. Diante de nossa imperfeição, aos primeiros contatos com os fenômenos mediúnicos, animalizamos o que está adormecido dentro de nós e nos afastamos do espírito comunicante.

Os motivos que nos levam a isso são, na verdade, muito comuns a nós, espíritos encarnados. O fato de estarmos buscando, de toda forma, atender nosso sustento material e suprir nossas necessidades financeiras, intelectuais e morais e, muitas vezes, estarmos tentando ser melhor que os outros faz com que, dentro de cada um de nós, existam fantasias que aos primeiros sinais da mediunidade se exteriorizam na forma anímica.

Você sempre vai querer ser melhor que o outro, principalmente quando está em um ambiente público. Isso não é uma coisa ruim: é fato que todos nós precisamos exteriorizar para chamar atenção. Queremos sempre ser o melhor...

Todo médium, antes de se propor a desenvolver, cuidar ou exercer a mediunidade, deveria estudar muito sobre o fenômeno do animismo; pois, inevitavelmente, toda expressão mediúnica passa pelo animismo.

"As primeiras exteriorizações mediúnicas são anímicas"

A religião espírita sofre muito por esse motivo. Se já é difícil acreditar em espíritos, imagina acreditar que eles entram dentro de alguém para se comunicar?

"A ciência já provou que dois corpos não habitam o mesmo espaço"

Portanto, há que se reconhecer e acreditar que os espíritos não entram em nós. Nós, médiuns, é que, através da faculdade mediúnica, quando bem intencionada, praticada e exercida, estabelecemos contato com espíritos. É através da expansão de alguns corpos espirituais que temos e desenvolvemos tal tarefa e permitimos que os espíritos se comuniquem de diversas formas. As mais comuns são psicofonia, psicografia e desdobramento.

Na verdade, o fenômeno é uma união de desejos, sintonia, percepção e vontade. Ao encarnar, todos precisam se valer do dom adquirido para a prática do bem.

Eu sempre ouço dos espíritos e repito aos meus seguidores e amigos: os espíritos não estão ao nosso dispor. Eles têm mais o que fazer. E outra coisa: eles não saem do mundo espiritual para enganar, mentir, pedir dinheiro, pedir alimentos, pedir coisas materiais ou fazer fofoca, pois não estão mais encarnados para usá-las. Precisamos saber mais sobre a vida dos espíritos nos planos espirituais. Somente estudando e conhecendo a verdadeira intenção dos espíritos que se relacionam com você é que você vai saber se está sendo útil ou se é mais um exteriorizando o animismo no lugar dos espíritos para chamar a atenção de todos para você. O que você está fazendo com sua mediunidade? Lembre que, na vida espiritual, colhemos a semeadura da vida terrena – a não ser que você não acredite em espíritos, aí é outra coisa...

Mas o assunto deste livro não é esse. Sobre esse tema, tem muitas coisas nas minhas redes sociais que você pode aprender.

Eu estava escrevendo um artigo sobre mediunidade, do qual tirei o texto acima, quando o Lucas mais uma vez me procurou.

– Boa tarde, Osmar.

– Olá, Lucas.

– Eu vi que você estava escrevendo sobre mediunidade e a missão dos espíritos.

– Sim, eu estou escrevendo um artigo sobre mediunidade para uma pessoa.

– Pode ler para mim?

– Sério?

– Sim, eu gostaria de saber o que você pensa sobre mediunidade e os espíritos.

– Meu Deus... que vergonha. Ok então. Leio em voz alta?

– Se for possível.

– Ok, vou ler.

Naquele momento, eu fiquei meio sem jeito, mas li para Lucas todo o texto que eu havia escrito.

– O que você achou, Lucas?

– Está muito bom. Realmente, vocês precisam estudar mais sobre o animismo. Deveriam fazer uma pós-graduação no fenômeno, assim teríamos menos mentiras nos centros espíritas e mais responsabilidade por parte dos médiuns.

– Aproveitando... eu tenho uma enorme curiosidade sobre mentiras no centro espírita.

– O que você quer saber?

– Nesses centros espíritas onde vemos muita mentira, será que não existem espíritos entre eles?

– Claro que existem espíritos. Os espíritos estão em todos os lugares, Osmar.

– Mas então não é mentira.

– É mentira que sejam espíritos bem-intencionados.

– Então são espíritos mentirosos?

– Iguais aos que estão encarnados. Ninguém passa a ser honesto porque morre.

– E o fim...

– O fim de quê?

– Da religião espírita.

– Por que você pensa assim?

– Porque na maioria dos lugares que visitei ou visito, vejo muita hipocrisia e mentira.

– Mas isso existe em todas as denominações religiosas, Osmar. Elas são geridas e administradas por espíritos imperfeitos, inferiores. Se as igrejas, os centros espíritas e os templos religiosos fossem administrados pelos espíritos, certamente não haveria nada disso.

– Mas os dirigentes dizem que suas decisões sempre são por orientação espiritual.

– É sempre pela decisão anímica, em que a vontade do dirigente supera a comunicação espiritual. Se algum dia um mentor espiritual ou uma mentora de luz lhes cobrar algo, impuser algo ou exigir algo, tenha certeza de que é o comunicante que está se valendo do seu animismo para impor seus desejos e vontades. O que os dirigentes espirituais precisam compreender é que é o tempo que trará a orientação para a igreja, para o grupo ou para a união de pessoas que estão trabalhando em nome dos espíritos.

Nós não estamos no universo para interferir: estamos no universo para orientar e auxiliar. Qualquer coisa fora disso é animismo, creia...

– É nisso que acredito, Lucas.

– Sempre que vocês ouvirem, lerem ou se encontrarem com uma mensagem ou uma comunicação espírita, seja ela qual for, ouçam com atenção, respeito e carinho. Extraiam da comunicação, das palavras, dos conselhos ou das orientações que lhe faz adiantar seu estado evolutivo. Se é bom, ouça, guarde e pratique; se é ruim, descarte sem críticas, não seja mais um a falar do que não conhece.

– O que pensar ou dizer desses centros espíritas que fazem tantas coisas erradas, Lucas?

– Aceite pacientemente o erro do seu irmão. Se lhe procurarem pedindo ajuda, auxilie sem críticas. Esse é o papel de um representante dos espíritos.

– Obrigado pelos seus conselhos e ensinamentos, Lucas. Eu não sei o que seria de mim sem você ao meu lado me orientando, me guiando e tendo tanta paciência comigo.

– Essa é a missão dos espíritos, Osmar.

– Sem palavras, Lucas. Mas a que devo a honra da visita?

– Precisamos continuar nossa psicografia. Está disposto?

– Sim, claro, estou sempre à disposição de vocês.

– Então me siga, vamos dar continuidade ao nosso trabalho. Temos muita coisa para fazer.

– Vamos...

Em desdobramento, eu o segui.

“

Mediunidade é um dom divino que, divinamente, devemos exercer.

”

Osmar Barbosa

Juliana

Sempre que me desdobro atrás de algum mentor, sou levado a um túnel de luz. Do outro lado desse túnel, sempre tenho surpresas. Algumas são agradáveis, mas outras nem tanto. Naquele momento, cheguei a um lugar horrível dentro do Umbral, uma região em que eu nunca havia estado.

Após o túnel de luz, me vi ao lado de Lucas caminhando em uma estrada muito escura. A vegetação ao redor dessa estrada era baixa e parecia ter sido queimada há poucas horas, pois ainda saía um pouco de fumaça dela.

À nossa frente, mas bem distante, havia uma pequena luminosidade que pensei se tratar de uma fogueira. Então, resolvi perguntar a Lucas onde estávamos.

– Lucas, eu sei que estamos no Umbral, mas que região é essa?

– Essa região é chamada, Betânia.

– O que é Betânia?

– Betânia é um lugar onde se concentram espíritos viciados em drogas. Eles se aglomeram aqui devido às vibrações que sintonizaram. Assim, Betânia recebe praticamente todos os viciados que desencarnam na América do Sul.

– América do Sul?

– Sim. Colômbia, Argentina, Brasil, Uruguai e todos os outros países que compõem a América do Sul. Aqui é onde se concentram a maior quantidade de postos de socorro.

– Eu imagino... esse lugar me parece mesmo precisar de muita ajuda.

– Betânia é uma região muito acessada pelos irmãos das colônias espirituais. Aqui, os resgates são constantes.

– E aquela fogueira no meio do nosso caminho. O que é?

– É um amigo que nos espera.

– Eu conheço?

– Sim, você o conhece.

– Você pode me dizer quem é?

– Nosso querido amigo Porfírio.

– Nossa, que bom! Quanto tempo não vejo ele.

– Ele provavelmente deve estar saudoso de você também, Osmar.

– Ele vai nos ajudar nesse lugar?

– Sim, ele nos espera para seguirmos juntos ao nosso destino.

– O que vamos fazer, Lucas?

– Ele mesmo vai te contar. Agora, vamos acelerar o passo para encontrá-lo mais rápido.

– Vamos...

Aceleramos o passo para nos aproximar ainda mais rápido do querido Porfírio. Após uma caminhada longa, rápida e exaustiva, chegamos ao encontro dele.

Eu conheci o Porfírio quando psicografei o livro *Joana D'Arc – o amor venceu*, em que, ao seu lado, pude acompanhar a jornada da heroína. Em sua última encarnação, Porfírio foi um general romano e gozava de muito prestígio do Imperador Maximino Daia. Contrariando tudo o que acreditava, tornou-se cristão fervoroso e seguidor dos ensinamentos de Catarina de Alexandria, passando a defendê-la, assim como defendia o cristianismo.

Nos aproximamos e pude ver que ele estava de cócoras, mexendo na pequena fogueira com um graveto em uma das mãos. Ao notar que estávamos bem perto, ele se levantou e colocou sua mão direita sobre sua espada; afinal, eram dois vultos naquela imensa escuridão.

Ao ver que éramos nós, o nobre amigo sorriu e abriu seus braços para nos receber.

– Olha se não é meu nobre amigo Lucas! E traz consigo o nosso escritor, Osmar.

– Porfírio, quanto tempo! – eu disse, abraçando-o.

– Que bom que você está aqui. E você, Lucas, como está?

– Estamos bem – respondeu Lucas.

– O nosso querido Daniel me orientou que viesse ajudá-los nesta nobre missão. Estamos todos preparados para a tarefa de resgate.

– Desculpe-nos se demoramos.

– Vocês não demoraram. Na verdade, eu também cheguei ainda há pouco.

– Está tudo pronto para o resgate de Juliana, Porfírio? – perguntou Lucas.

– Tudo acertado. Meus soldados estão na estrada um pouco mais adiante. Já montamos nossas defesas e, com a permissão da superioridade, não teremos muitos problemas para buscar Juliana.

– E onde ela está, Porfírio? – perguntei.

– Na cadeia central.

– Podemos ir? – disse Lucas.

– Sim, vamos – disse Porfírio, apagando a fogueira com suas botas de cano longo.

– Venham, vamos caminhar – disse, pondo-se à nossa frente na estrada.

Eu e Lucas seguimos atrás do nobre mentor. Naquele momento eu pensei: como assim outra cadeia, outro presídio? O que será que nos espera? Soldados, resgate... meu Deus... o que nos espera?

Chegamos rapidamente onde estavam vários soldados acampados à nossa espera. Todos bateram continência para Porfírio, que se dirigiu a uma mesa improvisada em um tronco de árvore, sobre a qual podíamos ver um mapa.

– Esse é o lugar? – perguntou ele a um soldado que estava ao nosso lado.

– Sim, senhor. Esse é o mapa da região em que estamos.

– Como vai, Esteves?

– Estou bem, Lucas. E você?

– Estamos bem.

Esteves é um rapaz de porte atlético, moreno de cabelos escuros. Estava usando uma farda daquelas bem antigas que os soldados romanos usavam.

– Estão todos preparados? – perguntou Porfírio.

– Sim, meu senhor.

– Então, vamos atacar e resgatar quem viemos buscar. Avise a todos que iremos marchar em direção a nosso objetivo.

– Sim, senhor – disse Esteves, afastando-se e ordenando um outro soldado que tocasse uma música que dava início à batalha.

Havia mais de 80 soldados no nosso pequeno exército. A cidade que atacaríamos era bem pequena: tinha apenas uma rua principal, que era ladeada por prédios bem antigos que pareciam abandonados. No final dessa extensa avenida, havia um prédio que pude perceber ser a cadeia. Na verdade, era um presídio pequeno.

Em fileira, entramos no lugar. Todos estávamos atentos à reação dos moradores ou de quem quer que fosse defender aquele lugar.

– Lucas, esse lugar parece abandonado. Está vazio?

– Permaneça em silêncio e acompanhe tudo, Osmar.

Calei-me imediatamente.

Lentamente, o grupo invasor adentrava o lugar sem que houvesse qualquer reação. Marchávamos juntos, evitando fazer barulho. Todos estavam atentos a qualquer tipo de reação que pudesse surgir no lugar.

Estávamos muito próximos do nosso objetivo, quando ouvimos um enorme estrondo. Parecia que uma enorme bomba havia explodido muito próximo a nós.

Todos se abrigaram ao lado dos prédios vazios. Eu e Lucas estávamos protegidos por Porfírio. Foi quando vários homens armados com lanças e espadas surgiram de trás dos muros do presídio.

– Agrupem e montem defesa! – ordenou Porfírio.

Os soldados se agruparam e colocaram em nossa frente uma barreira feita de escudos que eles usavam para se proteger. O pelotão estava pronto para a guerra.

Os inimigos se aproximavam lentamente. No meio desse grupo, havia um homem de idade bem avançada montado num búfalo. Certamente, ele era o líder daquele lugar.

Porfírio tomou a frente do grupo à espera do homem, a fim de para negociar nossa estada ali e tentar evitar o confronto.

Lentamente, eles se aproximaram de nós. Estávamos todos assustados e sem saber o que iria acontecer.

– Quem são vocês e o que querem aqui? – disse o homem barbudo do alto do animal em que estava montado.

– Somos de Amor e Caridade e não temos a intenção de duelar com vocês – respondeu Porfírio em voz alta.

– O que fazem aqui?

– Viemos buscar Juliana.

– O que querem com ela?

– Ela será levada ao Superior Tribunal Espiritual.

– Quem solicita a transferência de alguém tão inútil?

– O seu advogado, Leônidas. Ele solicitou o resgate e viemos aqui para buscá-la.

– Juliana é nossa prisioneira há muito tempo. Por que querem julgá-la agora? Ela já foi condenada por nós.

– Qual o seu nome, meu nobre?

– Me chamo Zacarias, sou o comandante oficial desse lugar. Aqui em Betânia, sou eu quem decide pela vida dos que vivem escravizados.

– Eu me chamo Porfírio e não desejo guerrear com o senhor. Não vejo necessidade de luta entre nossos exércitos. O que é uma alma para você?

– Realmente o senhor tem razão, são tantos os viciados que vivem aqui que uma a menos não me fará falta. Podem entrar e levá-la.

– Eu prefiro que ela seja trazida até nós, senhor.

– Por acaso o amigo não confia em minhas palavras?

– Não se trata de confiança, e sim de liberdade. Não queremos ter liberdade em um território que não nos pertence.

– Pois eu prefiro que ela seja levada por alguém de vocês. Escolha quem poderá entrar que eu libero a entrada.

– Eu vou, Porfírio – disse Lucas, aproximando-se.

– Pode ser uma emboscada, Lucas – disse Porfírio, em voz baixa.

– Confie em mim. Eu vou entrar e trazê-la em segurança. Fique tranquilo.

– Você está certo disso, Lucas?

– Sim, eu e Osmar vamos entrar.

Nunca senti tanto medo nos meus desdobramentos como naquela hora. Como assim eu vou ter que entrar?

Lucas percebeu meu desespero e me disse:

– Fique tranquilo, Osmar. Eles não podem te ver.

– Ufa, Lucas...

– Vamos, Esteves, vamos entrar – disse Lucas, dirigindo-se à porta principal do pequeno presídio.

Lucas e Esteves caminharam lentamente até a entrada, e eu os acompanhava para relatar tudo. O lugar é sombrio. Assim que entramos, pude ver várias pequenas celas que formavam um círculo dentro do lugar. No contorno desse círculo, havia vários espíritos se drogando: uns fumavam, outros injetavam algo em suas veias. Todos estavam muito dopados e sequer perceberam que passávamos entre eles.

Era uma praça pública de drogados. Minha mente entrou em parafuso. Como assim drogas no Umbral? Deixei minhas perguntas para um momento apropriado.

Chegamos em frente à cela de número dois e havia uma jovem caída ao fundo, totalmente drogada.

– É ela?

– Sim – disse Esteves.

Um guarda nos acompanhava.

– O senhor pode abrir a cela, por favor?

O homem abriu a cela olhando fixamente para Lucas, que nada falou mais.

Esteves adentra a cela e pega Juliana para poder tirá-la dali. Lucas dá suporte com seu ombro enquanto Esteves a segura do outro lado. Saímos eu, Lucas, Esteves e a jovem desacordada.

Caminhamos entre os soldados de Betânia até chegarmos ao nosso grupo.

– É essa que vocês vieram buscar?

– Sim, Zacarias. Queremos te agradecer a gentileza.

– Não precisa agradecer. Levem essa porca imunda daqui para bem longe. Essa aí não tem concerto mesmo, não fará nenhuma falta para nós.

Saímos rapidamente, levando conosco a desacordada, Juliana.

Voltamos ao local onde nos reunimos anteriormente. Havia um belo acampamento montado com uma excelente estrutura para nos receber. A barraca principal era, na verdade, os aposentos de Porfírio.

Havia uma outra tenda que abrigava a maior parte dos soldados do exército do bravo general.

Juliana foi deixada aos cuidados da equipe médica. Ela foi deitada em uma maca hospitalar, onde começou a receber os primeiros socorros e os primeiros medicamentos.

Seu estado era terrível. Seus braços estavam roxos de tantas agulhadas que ela aplicava, e suas vestes a deixavam quase nua.

Sentamos na barraca de Porfírio para descansarmos após a exaustiva caminhada no lamaçal do Umbral.

– Quer beber um pouco de água, Osmar?

– Não, Porfírio. Obrigado.

– E você, Lucas, quer algo?

– Obrigado, meu amigo, mas não preciso de nada neste momento.

– Aqui está a ficha de Juliana. Vocês podem avaliar – disse Porfírio, entregando-nos uma pasta.

Lucas abriu a pasta e começou a ler o conteúdo do documento. Após uma rápida leitura, ele disse:

– É ela mesmo que temos que levar.

– Ela vai ser julgada? – perguntou Porfírio.

– Sim, por interferência de Leônidas, ela vai ter uma nova chance. Oremos que ela consiga se livrar dessa dependência destruidora.

– Assim que ela estiver melhor, peço a Esteves que a leve até o presídio. Vocês não precisam se preocupar.

– Sou-lhe grato, amigo.

– Não tens que agradecer, Lucas.

– O que ela fez para estar aqui? – perguntei.

– Ela se suicidou através de uma overdose de cocaína, Osmar, e veio direto para Betânia – disse Lucas.

– Osmar, esse lugar é onde se concentram aqueles que, através do uso de drogas, se afinaram com essas energias. Betânia é onde se concentram esses espíritos – disse Porfírio.

O uso de drogas é danoso aos corpos espirituais. São poucos os que conseguimos resgatar e que recebem uma nova oportunidade. A maioria dos que você viu são escravizados por poderosos obsessores, até que seus corpos percam totalmente a forma. Quando isso acontece, se tornam Ovoides e são levados ao pântano, onde são enterrados e ficam à própria sorte. São expulsos daqui.

Nossa função nessa base espiritual em que estamos é manter o equilíbrio e tirar das garras desses espíritos aqueles que recebem a misericórdia divina ou que precisam ser levados aos julgamentos que existem aqui nos diversos tribunais espirituais.

– Eu vejo que vocês estão bem organizados, Porfírio.

– Sim. Cumpro essa tarefa desde que cheguei em Amor e Caridade.

– Todos que estão aqui são de Amor e Caridade?

– Sim, todos nós recebemos essa oportunidade e estamos contribuindo para a melhoria dos nossos infelizes irmãos.

– Parabéns pelo seu trabalho.

– Obrigado.

– E ela será levada para onde?

– Para o mesmo presídio em que está Felix – disse Lucas.

– Qual será o seu destino?

– Primeiro, ela precisa passar pela desintoxicação e se livrar definitivamente do desejo pelas drogas. Depois, como já dissemos, será levada a julgamento, onde poderá ser absolvida ou condenada definitivamente.

– Iremos acompanhar isso, Lucas?

– Sim, é por esse motivo que estamos aqui.

– Que os juízes e Deus tenham piedade dessa mulher tão jovem.

– Deus é bom, e é por isso que estamos aqui – disse Porfírio.

– Agora temos que ir, Osmar – disse Lucas, levantando-se.

Após nos despedirmos de Porfírio, deixamos o lugar e eu voltei à minha vida normal, feliz por ter reencontrado Porfírio e ver que as oportunidades na vida espiritual são infinitas. Todos nós podemos ser úteis na vida após a vida.

Os dias passaram até o nosso próximo encontro.

“

Há muitas moradas na casa de meu pai.

”

Jesus

As voltas que a vida dá

Juliana é morena de pele clara, mede aproximadamente 1,75m, tem cabelos longos e negros. É muito bonita, mas seu estado atual é terrível e bem delicado.

– Lucas, quem é Juliana? Por que ela está nessa situação tão ruim?

– Osmar, se eu contar talvez, você nem acredite... mas mesmo assim vou relatar tudo sobre Juliana.

– Por que não acreditaria, Lucas?

– Porque o que essa menina fez na vida dela é inacreditável.

– Então nos conte, por favor.

– Juliana nasceu em uma família abastada e teve uma infância perfeita. Estudou nas melhores escolas, viajou por quase todo o planeta e nunca soube ou sentiu o que é dificuldade, condição encarnatória conquistada pelas vidas pretéritas.

– Você pode explicar isso?

– Isso o quê?

– Conquistas pretéritas.

– Você acha que existem acasos?

– Não. Eu sei que não existem acasos.

– Portanto, deve acreditar que, através das modificações que você faz em si, gera conquistas espirituais, e essas conquistas refletem diretamente nas encarnações.

– Quer dizer que, à medida que o espírito evolui, melhor será sua vida nas encarnações?

– Exatamente. Como você acha que são escolhidos os espíritos, por exemplo, que encarnam como príncipes? Ou como filho de milionários e ricos?

– Não faço a menor ideia, Lucas.

– Se não houver, ligado àquele grupo, um espírito que necessite reencarnar com eles para ajustes pretéritos, quem recebe a benesse são espíritos que estão evoluindo e que não precisam mais passar por necessidades, mas aprender e melhorar com a fartura. Isso que é uma tarefa muito difícil. Osmar, posso te dizer uma coisa?

– Sim, Lucas.

– É muito mais difícil lidar com a fama, com o dinheiro e com a riqueza do que viver na pobreza. O rico precisa ter sabedoria para não deixar se levar pelo glamour que a riqueza os traz, vivendo o pecado da avareza.

– Concordo com você, Lucas. Realmente, é muito difícil olhar para o outro em sofrimento e não ter sabedoria ou humildade para ajudá-lo.

– Sendo assim, a prova para o espírito que nasce em uma família abastada é bem difícil.

– Deus nos ajude, Lucas.

– Ele está sempre ajudando seus filhos, Osmar. Eu posso lhe contar uma historinha que traz uma linda lição?

– Claro, Lucas! Eu adoro as suas historinhas.

– Certa vez, um pai convidou seu único filho para fazer, a seu lado, uma caminhada em uma estreita trilha dentro de uma floresta. Eles caminhavam conversando e o filho relatava ao pai as dificuldades que estava encontrando na vida. Após algumas horas caminhando, eles se depararam com um tronco de árvore que havia caído e impedia a passagem deles. Então, o pai pediu ao filho que retirasse o tronco para que ele pudesse passar. O filho prontamente se abaixou e tentou retirar o troco, mas não conseguiu.

– Pai, esse tronco é muito pesado. Eu não estou conseguindo.

– Faça mais força, filho.

O rapaz novamente tentou sem sucesso.

– Eu não consigo, pai.

– Meu filho, use toda a força que você tem. Vai, use...

O rapaz novamente se abaixou e tentou retirar o que os impedia de seguirem. Foi quando, exausto, olhou para o pai e disse: “desisto, em não tenho forças para retirar isso do nosso caminho”.

O pai então olhou para o filho e disse:

– Você tem certeza de que usou toda a sua força?

– Sim, pai. Você não viu?

– Meu filho, eu vi que você usou todo seu esforço para retirar esse tronco de nosso caminho, mas você não usou toda a sua força, porque eu estava ao seu lado e você não me pediu ajuda. Eu sou, e sempre serei a força que você vai precisar nos momentos mais difíceis da sua vida. Portanto, saiba que sempre que algo muito difícil aparecer em sua caminhada, não tenha medo: chame seu pai.

– Nossa! Que lindo, Lucas.

– Esquecemos que Ele está sempre ao nosso lado para nos ajudar nos momentos mais difíceis da vida. Quando você tiver alguma dificuldade, saiba que no Céu existe um Deus de amor muito forte que pode retirar tudo o que atrapalha sua caminhada evolutiva nas estradas da vida. Nunca se esqueça disso...

– Depois desse ensinamento, sempre que eu me sentir sozinho e incapaz, vou lembrar que Deus é minha fortaleza e que sempre posso contar com ele.

– É isso, Osmar. Vamos prosseguir?

– Sim, claro.

– Como eu havia dito, Juliana nasceu em uma família abastada e tinha uma vida que todos gostariam de ter. Se formou em medicina aos 23 anos. Aos 26, se envolveu com pessoas erradas e começou a usar drogas.

Seus pais fizeram de tudo e gastaram todo dinheiro possível para tirá-la das ruas e do vício. Foram várias internações em clínicas especializadas, mas nada adiantou; ela não queria ajuda.

Seu namorado de infância fez de tudo para que Juliana ficasse ao lado dele e deixasse as drogas de lado, mas nem isso a convenceu de que tudo dependia somente dela mesma.

Abandonada pela família, pelo namorado e pelos amigos, Juliana foi morar nas ruas, onde se utilizava da prostituição para satisfazer seu vício. Pouco tempo depois, morreu de overdose, e seu corpo foi entregue à família, que a enterrou com muita tristeza.

Quando ela chegou a Betânia, foi capturada por Zacarias, que a escravizou, sempre mantendo-a drogada.

– Foi bom você tocar nesse assunto, Lucas.

– Que assunto?

– Drogas no Umbral.

– Por que está espantado?

– Você pode nos falar um pouco sobre como isso é possível?

– Tudo é possível na vida espiritual. Não pense que as coisas aqui são muito diferentes das que vocês vivem diariamente na vida terrena. Assim como cientistas, médicos e pesquisadores descobrem e inventam coisas todos os dias no plano físico, aqui também existem especialistas em invenções. Sendo assim, há drogas, bebidas e álcool. Há espíritos bons e ruins e todos os lugares. Ninguém vira santo porque morre... esqueceu?

Há manipulação de mentes, em todos os lugares, seja por poder financeiro, sentimental ou ideológico. Não viva achando que você vai ver tudo diferente quando chegar aqui. Você vai, na verdade, se surpreender ao ver que tudo é muito parecido.

Como você acha que são criados os implantes espirituais, os chips, os miasmas, as estacas fluídicas, as teias, os vermes e tudo o que os obsessores usam para atacar suas vítimas encarnadas?

– Não sei, Lucas.

– São criados em laboratórios, que existem espalhados por todo o Umbral. Osmar, quando você desencarnar, vai poder optar por seguir evoluindo ou se alinhar aos espíritos que não desejam evoluir. E quando, por exemplo, você escolhe se vingar de algo ou alguém que lhe fez muito mal, a quem é que você vai se ligar?

– Provavelmente, aos espíritos maus.

– É isso que vocês precisam compreender: ninguém vira anjo ou santo porque morre. Pelo contrário: a certeza da vida eterna pode criar verdadeiros monstros.

Assim, existem muitas drogas que os obsessores, os magos e os cientistas do mal conseguem plasmar e escravizar, principalmente aqueles que chegam aqui e eram usuários de drogas.

Em Betânia, você vai encontrar vítimas da heroína, cigarro, cocaína, crack, haxixe, ecstasy, uísque, vodka, maconha, loló, LSD, cachaça e tantas outras drogas consumidas à revelia, sejam legais ou ilegais. Não se iluda achando que tudo é perfeito do lado de cá...

– Eu percebo que precisamos realmente abrir nossa mente e crer que Deus, sendo perfeito, justo e amoroso, jamais imporia qualquer coisa aos seus filhos. O melhor que Ele faz por nós é permitir que tenhamos liberdade de escolha.

– É isso! É isso que vocês definitivamente precisam compreender: são livres em todos os lugares. Tirem da mente um Deus que vai punir... quem pune é você mesmo, através das escolhas... São as escolhas que definem quem você é, aonde vai chegar e como vai viver.

Escolha o amor e encontrará o amor. Escolha a bondade e encontrará com a bondade. Escolha a justiça e a justiça lhe encontrará. Simples assim...

– Temos que ser menos fechados e abrir mais o nosso olhar a respeito da Criação. faz todo sentido o que você nos revela, Lucas. Deus não seria Deus se nos condenasse, se interferisse em nossas decisões ou se nos castigasse.

Sendo Ele a sabedoria suprema, é justo que, através das nossas escolhas, moldemos nosso futuro. É assim que funciona na vida humana; não seria justo se fosse diferente na vida espiritual.

Se fizermos escolhas erradas aqui, seremos presos e condenados ao sofrimento de uma prisão, por exemplo. E isso não pode ser diferente na vida espiritual. Não seria justo e honesto vivermos em determinada situação e acordarmos em situação totalmente modificada. Realmente, Lucas... Ele não seria Deus se isso existisse.

– O que atrapalha muito vocês, é a preguiça de pensar, preguiça de estudar, preguiça de expandir a mente e observar como as coisas acontecem ao redor de vocês. Osmar, o que acontece com uma pessoa que não cuida da saúde e do corpo?

– Ela adoece.

– O que acontece quando você fica por muito tempo repetindo uma ação?

– O corpo sinaliza que você está fazendo algo que o está prejudicando.

– O que acontece quando você fica bêbado ou drogado?

– Ficamos sem controle sobre nosso corpo e nossa mente.

– Então, o que você acha que vai acontecer com você se fizer tudo isso aqui na vida espiritual?

– Não sei, Lucas.

– Seu corpo espiritual vai adoecer. Seu corpo espiritual vai sinalizar que o que você está fazendo está causando danos a ele. Não é isso?

– Acredito que sim, pois o corpo espiritual se assemelha ao corpo físico.

– Pois bem, quando você fica fraco, drogado ou doente, do que você precisa?

– Ajuda médica e espiritual. Preciso ser medicado e que alguém cuide de mim.

– Você acha mesmo que aqui é diferente?

– Acredito que não, Lucas.

– Quando alguém chega à vida espiritual depois de ter feito o mal por toda a vida e desencarna muito doente, qual é o seu mérito?

– Certamente, esse espírito não tem méritos na vida espiritual.

– Acha justo que ele acorde no mesmo lugar de pessoas que se dedicaram a fazer o bem durante toda vida?

– Claro que não.

– É nisso que vocês tem que acreditar. Aqui é reflexo daí. Se você fez o bem, o bem vai lhe receber; se você se cuidou, os cuidados que você teve cuidarão de você. Mas se você não fez nada disso, nada disso vai cuidar de você.

– Sem palavras, Lucas.

– Entenda definitivamente que você é o único responsável por sua evolução e seu perispírito. Dependendo do seu comportamento atual, você poderá chegar aqui com seu corpo espiritual na mais perfeita harmonia e será muito feliz em uma cidade espiritual. Ao contrário disso, você poderá acordar nas regiões de sofrimento e, se ainda não tiver sido escravizado por algum obsessor ou mago, eles lhe esperam felizes aqui.

– É por isso que vejo tantas criaturas horríveis no Umbral?

– Exatamente! São espíritos que desperdiçam a encarnação e colhem aqui o fruto da semeadura terrena. Não há castigo nesse efeito, e sim justiça com todos.

– É verdade, Lucas. É mais justo colhermos o que fizemos aos outros do que, vida espiritual, os outros sofrerem novamente em nossas mãos.

– Viu como é fácil entender a Justiça Divina?

– Só não enxerga quem não quer.

– Ou aqueles que se fizerem de cegos, Osmar.

– Verdade, Lucas.

– É por isso que estamos acompanhando o julgamento desses irmãos. Você vai compreender que há centenas de possibilidades na vida espiritual. O que você precisa é começar a modificar tudo ao seu redor após a leitura desta obra para que você nunca precise passar pelo que esses irmãos estão passando.

– Bora modificar a vida, pessoal.

– É isso. Modifiquem-se e colham aqui o que desejam aí. A vida espiritual espera por todos, pois todos passarão por ela.

– É a mais pura verdade, Lucas.

– Agora eu tenho que ir.

– Não demore a me procurar. Estou ansioso para saber o que vai acontecer a Juliana.

– Fique tranquilo, vamos poder acompanhar tudo bem de perto.

– Combinado, Lucas.

– Até breve, Osmar.

– Até, Lucas.

Quanto aprendizado recebemos do Lucas...

“

Jamais estaremos sozinhos. Sempre há um anjo de Deus a nos guiar.

”

Osmar Barbosa.

Dr. Célio

Acordei bem cedo e, como é de costume, fui até a varanda do apartamento em que moro para olhar a praia. O dia clareava e a manhã estava magnifica. A brisa leve do mar banhou meu rosto com o suave cheiro da maresia. O sol iluminava aquela linda manhã com seus raios dourados da estação mais quente do ano. Que vontade tive de não ir ao escritório e ficar me deliciando nas águas mornas e salgadas do mar, que me convidava a me refrescar nas ondas suaves e espumantes que se desmanchavam, entregando-se totalmente às areias brancas da praia.

Mas o compromisso com a minha mediunidade e com os meus mentores espirituais me intimaram ao trabalho dedicado à psicografia. Assim, tomei meu primeiro gole de café e fui para o escritório escrever. Não demorou muito para o Lucas chegar.

– Bom dia, Osmar.

– Bom dia, Lucas.

– Vamos continuar?

– Sou sempre um lápis em suas mãos, meu nobre mentor.

– Então, desdobre-se e me siga.

Em desdobramento, eu o segui. Voltamos ao túnel de luz e chegamos novamente no Umbral.

– Venha, Osmar – disse Lucas acelerando os passos em uma estrada larga e escura.

– Estou indo.

– Temos que ser rápidos aqui.

– Corremos algum risco?

– Corre-se risco em qualquer lugar no Umbral.

– Onde estamos, Lucas?

– Estamos indo ao Vale dos Suicidas.

– Bem que eu reconheci essa estrada.

– Mas não vamos ao lugar em que você esteve comigo na psicografia do livro *O Diário de Um Suicida*.

– Então, para onde estamos indo?

– Para o lado oposto.

– Certo.

Naquele momento, percebi que estávamos quase correndo em direção ao um túnel, largo e escuro.

– O que é isso, Lucas? Um túnel?

– Sim, precisamos atravessá-lo. Nosso objetivo está do outro lado. Venha rápido! Não podemos ser vistos sem segurança por aqui.

– Certo.

Obedecendo o mentor, acelerei meus passos e logo chegamos dentro do túnel.

O lugar estava muito úmido e escuro. Lucas acendeu uma pequena lamparina, daquelas bem antigas, e começamos a atravessar o túnel, agora sem tanta pressa.

– Fique bem perto de mim, Osmar.

– Pode deixar.

Caminhamos lentamente por algum tempo até que começamos a enxergar a saída do lugar. Eu já estava bem preocupado, mas confiante segui ao lado de Lucas sem fazer mais perguntas.

Ao olhar atentamente para a saída, percebi que estava chovendo muito.

– Está chovendo, Lucas.

– Sim, estou vendo a chuva, mas não podemos parar. Temos que continuar até nosso destino.

– Vamos continuar na chuva?

– Não temos escolha.

Saímos do túnel debaixo de muita chuva. Mesmo assim, não paramos continuamos na estrada, que agora era um verdadeiro lamaçal.

– Estamos perto, Osmar.

– Ok, Lucas.

Continuamos até que a estrada começou a ficar muito estreita, virando, na verdade, uma estreita e enlameada trilha escura, fria e molhada. Subimos um pouco um relevo e, quando chegamos à parte alta, pude ver uma luminosidade se destacando no lugar. Vi que, logo abaixo, havia outro presídio, e esse era bem grande. Seus muros eram muito altos e havia muitas guaritas de proteção. Ele estava todo iluminado, e era a única luz que víamos no meio da escuridão.

– Venha, Osmar. Vamos até o portão central.

Continuamos até que chegamos ao portão principal. Assim que chegamos, pude perceber que havia alguém do lado de fora nos esperando.

Quando nos aproximamos da figura que nos esperava, percebi, através da silhueta, que era uma mulher. Ela estava toda molhada nos esperando.

– Oi, Samanta. Como está? – disse Lucas, apertando a sua mão.

– Estou bem, embora muito molhada.

– Esse é o Osmar. Ele está escrevendo comigo.

– Bem-vindo, Osmar! – disse a simpática Samanta.

Ela era morena de olhos castanhos e cabelos curtos. Usava uma roupa social e calçava uma bota de cano curto.

– Venham, vamos entrar – disse ela se dirigindo ao portão que dá acesso aos pedestres.

Havia outros espíritos sentados do lado de fora do lugar. Todos estavam molhados pela chuva, mas sequer olharam para nós.

– Venham – disse Samanta, entrando no lugar após se identificar para o guarda.

Caminhamos até uma recepção, onde outra jovem estava sentada nos esperando.

– Bom dia, Fernanda.

– Bom dia, Samanta.

– O Lucas e o convidado vão à entrevista comigo.

– Você vai ver o Dr. Célio?

– Sim, temos hora marcada com ele.

– Deixe-me ver se ele já está esperando. Um minuto, por favor.

Fernanda nos deixou na recepção e entrou por uma porta em direção ao interior do presídio. Ficamos esperando ela voltar, o que não demorou muito.

– Podem entrar. Ele já foi colocado no parlatório e está esperando por vocês.

– Obrigada, Fernanda – disse Samanta.

Fomos conduzidos por dois guardas ao parlatório e lá encontramos um senhor forte e educado de meia idade, cabelos grisalhos e barba bem feita.

Nos sentamos para acompanhar a conversa entre ele e a Samanta, que se sentou muito perto do preso.

– Bom dia, Dr. Célio.

– Bom dia, Samanta. O Leônidas não vem?

– Ele não pode vir, Tem uma audiência nesse horário.

– E quem são esses aí?

– Esses são o Lucas e um escritor. Como vocês pediram, ele é o responsável pela psicografia que todos poderão ler.

– Ah, sim! O Leônidas conversou comigo e eu autorizei; claro que preservando a minha identidade.

– Fique tranquilo, senhor. Todas as identidades são preservadas. Qualquer semelhança será mera coincidência – disse Lucas, tranquilizando o senhor.

– Espero que os meus colegas tenham oportunidade de ler esta obra e recomeçar seus caminhos. Espero que ele repensem suas decisões e escolhas.

– No que depender de mim e do Osmar, todos receberam os relatos fiéis nesta psicografia – disse novamente o Lucas.

Eu fiquei meio sem entender o que aquele senhor queria dizer até que ouvi o seguinte diálogo:

– Célio, o Dr. Leônidas pede para lhe informar que conseguimos uma audiência na corte. O senhor poderá ter uma nova chance de explicar todo o ocorrido e, quem sabe, conseguir o benefício da liberdade.

– Quando será?

– Na próxima semana. Eu trouxe aqui os requerimentos para o senhor assinar – disse Samanta, retirando de uma pasta alguns papéis e dando a Célio para ele assinar.

O homem leu pausadamente todas as folhas, e nós, pacientemente, esperamos que ele terminasse a leitura. Terminada a conferência, ele pediu uma caneta e assinou todos os documentos.

– Ainda hoje, o senhor será transferido para o presídio que fica mais próximo ao tribunal. Tens algo que queira que levemos para a audiência?

– Levem todos os meus processos. Eu quero me defender de tudo o que fiz e do que fizeram comigo.

– Vou pedir para Leônidas providenciar. Mais alguma coisa, doutor?

– Levem esse escritor. Eu quero que ele relate tudo o que vou falar para que outros não cometam os mesmos erros que eu cometi.

– Ele estará lá – disse Lucas.

– Senhores, passar bem... – disse Célio, levantando-se e nos deixando a sós.

Samanta arrumou os papéis em sua pasta calmamente, e Lucas olhou para mim como se esperasse que eu fizesse perguntas. Eu não sabia quem era aquele homem, muito menos o que eu deveria perguntar.

E quem era Samanta?

– Perdoe-me, Samanta, mas você também é advogada?

– Sou assistente de Leônidas. Trabalhamos juntos no mesmo escritório de advocacia.

– E onde fica o escritório?

– Aqui mesmo no Umbral.

– Mas onde, especificamente?

– Nosso escritório fica dentro de um posto de socorro.

– Fica dentro de um posto de socorro? Como assim? Os postos de socorro não são para atender pessoas doentes, feridas ou machucadas?

– Também. Na verdade, dentro dos postos de socorro, existem vários tipos de atendimentos, e o jurídico é um deles.

– O que mais tem nesses postos?

– Psiquiatrias, advogados, psicanalistas, fisioterapeutas, fonoaudiólogos, biomédicos, médicos, enfermeiros, radiologistas, cardiologistas, anestesistas, paramédicos, conselheiros, auxiliares, terapeutas, assistentes sociais, psicólogos, pedagogos e tantos outros que não sei se vou lembrar. Na verdade, as unidades de apoio são complexos preparados para todo tipo de demanda aqui no Umbral.

– Que legal! E eu achando que era somente um pronto-socorro.

– É muito mais do que isso, Osmar. São diversos os tipos de espíritos que procuram esses lugares pedindo ajuda, e cada um traz uma demanda diferente.

– Que legal, Lucas.

– Tudo é muito organizado, Osmar.

– O Lucas sempre me diz isso, Samanta. Eu posso saber um pouco sobre você? Como uma advogada tão bonita veio parar no Umbral. Perdoe-me, mas o que é que você fez para merecer estar aqui?

– Na verdade, eu não sou daqui. Eu só estou trabalhando aqui. Quando cheguei à vida espiritual depois de um acidente de carro, realmente acordei no Umbral, mas logo fui socorrida e levada ao posto onde trabalho hoje. Como forma de gratidão por tudo o que recebi aqui, hoje sou voluntária do departamento jurídico do posto de socorro.

– E tem bastante trabalho, lá?

– Quantos você acha que chegam aqui arrependidos do que fizeram de mal na encarnação?

– Milhares, acredito.

– A demanda é muito grande mesmo. Os tribunais estão lotados de audiências e quase não dão conta de tantos recursos e processos.

– Meu Deus... estamos perdidos mesmo.

– Por que você pensa assim, Osmar?

– As pessoas sequer têm noção do que realmente acontece conosco após a morte. Eu estou impressionadíssimo com tudo o que vocês estão me revelando e, sinceramente, essa mensagem tem que chegar logo a todos. Todos precisam saber que as coisas aqui se assemelham demais com o plano em que vivemos.

– Como você acha que seria a vida de um assassino aqui se ele não tivesse a oportunidade de pagar sua pena? Ou até mesmo daqueles que ficam presos em presídios inocentemente? Como esses espíritos vão alcançar o perdão se não forem ouvidos, se não puderem se arrepender e se explicar, se não tiverem um oportunidade de se defender?

Não faz sentido, chegar aqui após um ato impensado e insano e não poder justificar seus erros. Todos merecem uma nova chance. Todos são filhos de Deus.

Você já parou para pensar naqueles que, para se defender, acabaram tirando a vida de alguém? Como será a vida desse espírito aqui no Umbral? Ele não poderá ter uma nova chance?

– Concordo plenamente com você, Samanta.

– Então, meu amigo, leve essa mensagem a todos aqueles que acreditam no amor de nosso Pai, e todos poderão compreender que a vida não termina com a morte. Também vão poder entender que a morte é somente um recomeço e, para cada recomeço, há uma história a ser contada.

– Obrigado, Samanta, por seus ensinamentos e suas palavras. Pode deixar. Vou levar essas linhas a todos aqueles que eu puder.

– Podemos ir agora?

– Sim, Lucas, podemos ir – disse Samanta, levantando-se e pegando sua pasta cheia de documentos.

– Venha, Osmar, vamos levar Samanta até o posto de socorro.

Saímos do presídio e nos dirigimos a um posto de socorro, que era um pouco longe daquele lugar.

O local onde o posto de socorro está instalado é um pouco melhor, mais claro. A rua em frente não tem lama, e algumas pequenas árvores no entorno do lugar dão até uma sensação de ser um lugar confortável. Chegamos e, novamente, nos encontramos com Leônidas, que estava em sua sala.

Samanta, após nos deixar aos cuidados dele, foi a uma outra sala, onde eu pude ver que havia outros espíritos. Todos estavam trabalhando em mesas separadas.

– Sentem-se, meus amigos – disse Leônidas, nos oferecendo duas cadeiras posicionadas à sua frente.

Eu e Lucas nos sentamos.

– Então, quais foram as impressões dos senhores sobre Célio?

– Ele me pareceu ser bem frio.

– Frio, Osmar?

– Sim, muito calado. Não disse quase nada... ficou lendo aqueles papéis por um tempo sem ao menos olhar para nós.

– Isso é resultado da profissão que ele exerceu até chegar aqui.

– E qual era a profissão dele?

– Não sei se você deve colocar a profissão de Célio no livro. Em algum momento isso pode te prejudicar você.

– Que profissão seria essa que um escritor não poderia revelar?

– Osmar, vamos fazer assim, vamos deixar que o leitor descubra através do que vamos te contar. Pode ser? – disse Lucas.

– Claro que sim.

– Pois bem, como esse livro trata exclusivamente dos espíritos que pedem, imploram ou merecem um novo julgamento, você há de perceber que aqueles que julgam também merecem a mesma chance. Certo? – disse Leônidas.

– Sim, a lei é para todos – disse Lucas.

– Estou começando a entender quem é Célio.

– Quando chegarmos à audiência dele, acreditamos que você e seus leitores logo perceberão qual foi a última profissão dele e por que ele está aqui.

– Eu já sei, mas vamos esperar pelo momento certo para revelar.

– Não vamos revelar. Os leitores terão que adivinhar ou observar através dos diálogos do que se trata esse encontro.

– Perfeito, Leônidas.

– Agora, podemos ir?

– Sim, meus amigos, encontro vocês no tribunal na próxima semana – disse Leônidas.

Nos levantamos, nos cumprimentamos e deixamos o lugar.

Eu estava muito curioso. Como será a audiência de Célio? O que acontecerá? O que aconteceria no julgamento de Juliana? O que será que ela fez de tão grave para estar onde está? E agora, um novo personagem... Quem é dr. Célio? O que ele fez de tão grave para estar ali? E o Felix, será que conseguiu sua liberdade? Será que ele terá uma chance de recomeçar?

Essas e outras perguntas ficaram dentro de mim por alguns dias, até que fui novamente procurado por Lucas.

“

Dai, portanto, a César o que é de César e a Deus o que é de Deus!

”

Jesus

O tribunal e Felix

Naquela manhã, eu fui acordado por Lucas, que me pediu para ir ao escritório escrever. Não demorei muito, e lá eu estava, preparado e ao seu dispor.

– Desculpe te incomodar tão cedo, Osmar.

– Não se preocupe com isso, Lucas. Sempre que precisar, estarei à sua disposição. Na verdade, eu estava louco para você aparecer logo e me contar o que aconteceu com o Felix.

– Vamos dar continuidade ao livro?

– Sim, vamos.

– Então venha.

Naquele momento, novamente em desdobramento, eu o segui.

Chegamos ao fórum, onde presenciei a primeira audiência de Felix dias atrás. Era manhã e, por incrível que pareça, havia um pouco de luz no Umbral.

O sol teimava em furar a densa névoa escura, que era muito comum em todo o lugar. Não chovia, e havia muitos espíritos entrando no fórum. Imaginei que era um dia especial naquele lugar.

– Venha, Osmar, as audiências já vão começar.

Acelerei o passo e segui Lucas até a mesma sala onde estivemos. Leônidas estava sentado e ao lado de Samanta, sua assistente.

Ela nos viu chegar e, com um gesto de mão e um sorriso, nos cumprimentou. O Dr. Leônidas estava de cabeça baixa e não nos viu naquele momento, mas nos cumprimentou depois.

Retribui o cumprimento de Samanta, também com um sorriso.

Lucas se sentou ao meu lado. Estávamos muito próximos do local onde se sentam os réus. O lugar estava lotado, havia muitos espíritos, e todos estavam em silêncio profundo.

A campainha tocou e todos se levantaram para a entrada do magistrado.

O mesmo desembargador e os mesmos auxiliares do julgamento do Felix entraram e se posicionaram em seus lugares. O malhete foi batido por três vezes e todos se sentaram.

– Sentem-se – disse em voz alta o desembargador – Declaro aberta a audiência no dia de hoje.

Novamente, o malhete foi batido por três vezes em base apropriada. Todos ficam em silêncio à espera das orientações a seguir.

A mulher ao lado do desembargador tomou a palavra e disse:

– Senhoras e senhores, bom dia! Vamos agora finalizar o julgamento do preso Felix. Guardas, por favor, tragam o réu.

Os guardas saíram da sala pela mesma porta em que chegaram os magistrados. Pouco tempo depois, pude ver o Felix sendo trazido e se sentando na cadeira que ficava em frente ao trio que julgava o seu recurso.

Ele estava com o mesmo uniforme e estava algemado nas mãos e nos pés. O que teria feito Felix, nesse curto tempo, para merecer tantas algemas? Felix estava muito abatido. Será que ele já sabia de alguma coisa sobre seu pedido? Por que estava tão triste e desanimado?

Eu confesso a vocês que, naquele momento, eu cheguei a sentir pena dele, pois suas feições eram de alguém que havia desistido de recomeçar.

– Senhoras e senhores, este tribunal chegou a uma decisão. Mas antes, gostaríamos de conversar com o preso a fim de esclarecermos mais alguns detalhes sobre o crime cometido pelo réu – disse o promotor, sentando-se na bancada em frente a todos nós.

O senhor gostaria de responder as nossas perguntas senhor Felix? O nobre colega advogado não se opõe a um novo interrogatório?

– De forma alguma, Excelência – disse Leônidas.

– Eu não me oponho a responder, senhor – disse Felix com a voz embargada.

– Faremos algumas perguntas depois de mostrarmos, a todos, as questões finais nesta tela – disse ele mostrando a todos os presentes uma tela que estava aberta na parte central da sala.

Na vida espiritual, é muito comum os espíritos usarem telas como as que temos nas salas de cinema para mostrar a vida passada dos espíritos.

– Os senhores se opõem?

– Nada a opor, senhor – disse Leônidas.

– Sem problemas – disse, Felix.

– Agora, daremos prosseguimento ao julgamento.

Na tela, começou a aparecer uma imagem bem antiga, em que uma menina e um menino estão brincando no meio de uma plantação de feijão. Eles auxiliam seus pais na colheita.

A fazenda é grande e há diversos escravos que também trabalham na colheita. Todos estão felizes e se cumprimentam com sorrisos.

O menino ajuda a menina a carregar um pequeno cesto com alguns feijões. Eles se divertem sorrindo e brincando em meio a todos aqueles que trabalham.

Agora, a imagem nos leva ao encontro do mesmo casal, só que agora adolescentes.

– Venha, vamos para o armazém – disse o rapaz.

A jovem é muito bonita e está elegantemente vestida. Ela usa um vestido verde-claro e é puxada pelo rapaz para um lugar secreto. Podíamos ver carícias, beijos e muito amor naquele casal.

– Meus pais nunca poderão saber que estamos juntos, Juvenal.

– Eles não saberão, meu amor.

– Nem sei o que o meu pai faria conosco que se soubesse que nos amamos.

– Então, teremos que fugir para bem longe se quisermos continuar a nos amar, Maria.

– Eu não me sinto segura. Você não tem posses nem profissão. De que vamos viver se fugirmos para longe? Como nos sustentaremos, Juvenal?

– Eu sei cuidar muito bem de uma fazenda. Posso trabalhar como capataz e seremos felizes, meu amor.

– Acha justo que eu troque a vida que tenho para fugir sem perspectiva de um futuro? Não que não te ame o suficiente para suportar tudo isso, não é isso... é que eu não tenho coragem de fazer isso com a mamãe e o papai... eles são tão bons para mim...

– Então você não me ama.

– Deixe de bobagens, meu amor, é claro que eu te amo. Vamos esperar um pouco... quem sabe conseguimos convencer o papai a aprovar o nosso namoro?

– Seu pai jamais aprovaria que um peão se casasse com a menina mais linda dessa região, com a filha do fazendeiro mais rico dessas bandas.

– Vamos confiar que o tempo é nosso aliado, amor. Confiemos em Deus.

– Eu sequer acredito em Deus, mas estou disposto a fazer tudo o que for possível para viver eternamente ao seu lado.

O casal apaixonado ficou durante um tempo namorando escondido no armazém, onde se guarda ração para os animais da fazenda.

À noite, todos estavam reunidos na sala da grande casa aguardando as visitas que foram convidados por Genuíno, o pai de Maria

– Maria.

– Sim, Josefa.

– A patroa e o patrão mandaram lhe avisar que teremos uma visita importante para o jantar e me mandaram passar esse vestido novo, o qual você deve usar para o jantar com as visitas.

– Visita importante? Mas minha mãe não falou nada. Estranho...

– Vem, vamos trocar de roupa, pois já está quase na hora dos convidados chegarem.

Maria tomou banho e se arrumou para o jantar da família.

Genuíno e sua esposa, Eulália, já estavam arrumados e sentados na sala de estar esperando pelas visitas da noite.

Candelabros acessos, mesa arrumada e o odor de um assado que aguçava a fome antecipadamente.

– Sirva-me um licor, Eulália, por favor?

Eulália se levanta, vai até um pequeno móvel e enche uma pequena taça com um saboroso licor preparado ali mesmo na fazenda, pelos escravos dedicados.

– Eu acho que deveríamos ter contato tudo a Maria, Genuíno.

– Se tivéssemos contado, ela estaria sofrendo antes mesmo de saber sobre a nossa decisão. Nossa filha deve ser feliz, e é isso que importa para mim.

– Eu não sei se esse rapaz, o Eduardo, é o homem certo para a nossa filha.

– Ele pode não ser o homem certo, mas tem posses suficientes para nossos netos.

– Espero que Maria aceite o marido que escolhemos para ela.

– Ela vai aceitar, Eulália. Fique tranquila.

Os convidados finalmente chagaram.

Eduardo é alto, forte e muito elegante. Seus pais, João Batista e Sandra, o acompanham para o encontro em que Eduardo será apresentado como futuro marido de Maria.

– Sejam bem-vindos, meus amigos – disse Genuíno, cumprimentando todos.

– Essa é minha esposa, Eulália.

– Encantado, senhora – disse Eduardo, beijando-lhe a mão.

– E onde está a minha noiva?

– Ela já vai descer – disse Eulália.

– Estou ansioso para conhecê-la. Dizem ser uma jovem muito bonita.

– A minha filha é a moça mais bonita dessa região, Sr. Eduardo.

– Eu fico lisonjeado pela escolha de nossa família – disse João Batista.

– Já fizemos muitos negócios comerciais. Está mais do que na hora de nossas famílias se unirem e pensarmos no futuro de nossos netos.

– Verdade, meu nobre amigo – disse João Batista.

– Josefa, vá até o quarto e traga Maria – disse Genuíno, ordenando a empregada.

– Sim, senhor – disse a escrava.

Josefa se dirigiu ao quarto da jovem, que estava arrumada e linda.

– Maria, seu pai pede que desça para receber os convidados.

– Já chegaram?

– Sim, estão todos te esperando.

Naquele momento, Juvenal percebe a presença de estranhos na casa e fica muito curioso com a presença de um rapaz e seus pais.

– O que será que essa gente veio fazer aqui? – pensava ele – Vou me esconder na varanda para saber o que eles querem aqui.

E assim o fez...

Maria desceu as escadas e chegou à sala se surpreendendo com as visitas.

– Venha, minha filha. Eu quero lhe apresentar meus amigos – disse Genuíno, pegando sua amada filha pela mão.

Maria caminhou surpresa e envergonhada ao lado de seu pai, que lhe apresentava aos convidados.

– Essa é a Sandra. Esse é o João Batista, meu amigo e fazendeiro aqui da região. E esse é o seu filho, o Eduardo.

– Muito prazer – disse Maria, cumprimentando a todos.

– Venham, vamos nos sentar e conversar – sugeriu Eulália.

Todos caminharam até a sala de estar e se sentaram enquanto Eulália servia mais uma rodada de licor.

Maria estava surpresa com os convidados e muito desconfiada de que seus pais haviam trazido aquele rapaz com alguma intenção.

– O que será que meus pais querem com esse rapaz aqui? – pensava ela.

Todos no tribunal estavam atentos aos detalhes daquela cena mostrada na tela.

Juvenal, escondido na varando, estava muito curioso e preocupado com a presença de Eduardo.

Após a rodada de licor, Genuíno pede a palavra:

– Senhoras e senhores, peço-vos um pouco de vossa atenção.

Eu e minha esposa Eulália estramos honrados com a presença de vossa família e comunicamos, com alegria em nossos corações, que aprovamos o casamento de Maria e Eduardo. Minha filha, este é o homem que escolhemos para ser seu marido e nos dar alguns netos.

Maria, assustada e confusa, não sabia o que dizer. Eduardo se aproximou de Maria, pegou sua mão esquerda e colocou um lindo anel no dedo anelar, selando o compromisso de casamento entre eles.

– Você é muito bonita, e eu fico muito honrado em poder ser seu marido. Prometo ser fiel e cuidar de você com muito carinho e amor.

Maria estava perplexa, e não consegue dizer nada...

– E agora, o que será da minha vida? E Juvenal? – pensava ela, em desespero.

Em seu peito, uma mistura de sentimentos...

– Meu deus, o que meus pais fizeram com minha vida?

Maria nem conseguia respirar. Quando Eulália percebeu que ela não estava bem, se aproximou e pegou sua mão.

– O que houve, filha? Quer um pouco de água?

Maria não responde. Seus pensamentos estavam em Juvenal. O que seria do seu grande amor? Como dizer não ao seus pais? Fugir com Juvenal e viver uma vida na pobreza ou aceitar se casar com Eduardo e ter um excelente padrão de vida? O que fazer?

O jantar foi servido. Maria se sentou ao lado de Eduardo.

Naquela noite, ela não conseguiu falar. O silêncio foi sua defesa. Todos compreenderam; afinal, ela só tinha 16 anos...

Juvenal estava furioso do lado de fora da grande casa. Ele pôde ouvir tudo, participou de tudo, e o ódio se instalou em seu coração. E agora, o que fazer? Roubaram o grande amor de sua vida...

A dor e a raiva tomaram conta do rapaz, que começou a pensar no que fazer para não perder Maria: "será que ela vai aceitar fugir comigo? Só temos essa saída... precisamos fugir para bem longe para que esse casamento não aconteça... Ela é minha e de mais ninguém...".

Encolerizado, Juvenal se sentou embaixo de uma figueira à espera de que a família saísse da casa.

– O que fazer?

Os dias passaram sem que ele consiga falar com Maria, que se trancava em seu quarto e não saía para mais nada. "Ela está perdida e confusa. O que devo escolher?".

Quase todas as noites Eduardo visita a sua amada e futura esposa. Eles sequer trocaram um beijo. Maria sabe que, embora seja apaixonada por Juvenal, o mais certo a fazer é seguir ao lado de Eduardo, o marido escolhido pelos seus pais. Afinal, é filha única e não tem intenção de se abster do patrimônio e da boa vida que tem em sua fazenda. Ela continua confusa, pensa em deixar tudo e fugir com seu grande amor, mas sabe que precisa esperar para tomar a certa decisão. O que fazer?

– Isso não vai ficar assim! Se ela não for minha, não será de mais ninguém – disse Juvenal, escondido atrás da majestosa figueira em frente à linda casa.

Alguns dias se passaram até que Maria e Eduardo trocaram o primeiro beijo, enquanto eles se despediam dele na varanda no momento em que Eduardo estava indo embora.

Juvenal, mais uma vez escondido, é tomado por um ódio incontrolável. Ele estava decidido: daria um fim à vida de Eduardo. "Vou atacar ele quando passar pela figueira, e depois vou raptar Maria e fugir com ela para lugar distante. Eu não vou perder Maria para esse almofadinha".

Tudo arrumado: carroça pronta e um punhal afiado em sua cintura. Era tudo o que ele precisava para que o seu plano desse certo. Assim, quando Eduardo se despediu mais uma vez de Maria e se aproximou da figueira para pegar seu cavalo, ele foi atacado por Juvenal, que nas mãos trazia o punhal.

A luta começou e logo Eduardo foi ferido no braço com um corte profundo. Mas o que Juvenal não sabia era que Eduardo era bem mais forte do que ele e muito bem treinado em luta de defesa pessoal. Assim, na primeira oportunidade que teve, Eduardo tomou o punhal das mãos de Juvenal e o golpeou, ferindo-o gravemente.

Em poucos minutos, Juvenal está morto aos pés de Eduardo.

Todos na casa ouviram os gritos e correram para ver o ocorrido. Ao chegarem, se depararam com o corpo estendido do jovem rapaz que, na infeliz luta, foi o mais prejudicado.

Maria se ajoelhou sobre o corpo de Juvenal e lamentou pela decisão que lhe custou a vida.

– Por que você fez isso? Eu já estava com tudo planejado em mim! Eu só estava indecisa e insegura!

Juvenal, por não ter conseguido entrar em contato com Maria, não sabia que ela estava preparando tudo para fugir com ele para bem longe, mas ela precisava fazer isso de forma segura Juvenal, o seu amor. Maria jamais se entregaria a Eduardo, pois seu grande amor sempre foi Juvenal.

Eduardo foi levado para dentro da casa, onde Josefa tratou de seus ferimentos. Alguns capatazes se aproximaram e, por ordens de Genuíno, levaram o corpo de Juvenal para ser enterrado fora da propriedade.

Maria escondeu as lágrimas de um amor que não mais será possível. Agora, ela terá que se entregar a um homem que nunca amou.

– Por que você fez isso, Juvenal?

A cena na tela do julgamento se apagou e voltamos nossa atenção para Felix, que não conseguia conter as lágrimas.

Então, o promotor voltou a falar.

– Você se lembra dessa vida, Felix?

– Sim, senhor. Eu me lembro.

– Mais uma vez, você errou ao julgar que algo lhe tiraria o seu grande amor. Mais uma vez, Felix, você só se preocupou consigo. Não avaliou que, na verdade, tentar matar Eduardo lhe causaria um débito na espiritualidade, o qual você precisaria resgatar.

– Eu peço perdão por ser impulsivo. Peço perdão por pensar somente em mim. Eu poderia ter esperado mais... não tive coragem nem sabedoria para confiar no amor que Maria sentia por mim. Julguei e achei que ela estava apaixonada pelo Eduardo, quando, na verdade, ela estava preparando nossa fuga. Me arrependo muito de ter feito o que fiz.

– Até quando teremos que lhe dar oportunidades, Felix? Até quando você vai assassinar Leiza? Até quando você vai errar?

– Eu sei que, depois que morri naquela vida, Eduardo descobriu que eu e Maria nos amávamos muito, pois ela entrou em depressão. Em um momento de ira, ele a matou com o mesmo punhal que havia me assassinado.

– Pois é isso. Até quando você vai continuar errando? Até quando você vai agir contrariando os seus sentimentos? É nos sentimentos que somos guiados. Até quando você vai perseguir Leiza?

– Eu só peço uma oportunidade. Só isso.

Sem falar nada, os juízes se entreolharam. O silêncio era mortal naquele lugar. Todos esperavam pela decisão da corte.

O desembargador bateu com o malhete e pediu a atenção de todos.

– Senhoras e senhores, esta corte já tomou a sua decisão referente ao caso ora apresentado. Ela será pela colega ao lado.

A mulher ao lado começou a leitura da sentença. No dia de hoje, esta corte, reunida para avaliar o recurso impetrado pelo dr. Leônidas, representante do réu Felix, decide:

Embora o réu tenha tido muitas oportunidades nas encarnações que o trouxeram até este tribunal e nelas tenha cometido o mesmo erro continuamente, esta corte decide que Felix será levado a uma colônia espiritual, onde deverá estudar, trabalhar e se dedicar até que uma nova encarnação seja planejada. Quando essa encarnação chegar, Felix deverá ter ajustado o que precisa e os espíritos estarão preparados para recebê-lo e, assim, oportunizar a reparação.

Certos de que o tempo de pena já cumprido é instrumento suficiente para o arrependimento e motivação para o recomeço, concedemos, neste ato, a liberdade ao preso Felix, desejando-lhe uma excelente encarnação e aconselhando-o a aproveitar a sua nova vida ao máximo.

Vale lembrar que esse julgamento ficará registrado para caso precise ser consultado futuramente. Esperamos que o réu nunca mais precisa passar por esta corte.

Para finalizar, desejamos que tenha uma boa vida nas cidades espirituais e o aconselhamos a seguir todos os protocolos indicados pelos espíritos instrutores, que agora passam a ser os responsáveis pela sua nova vida.

Agradecemos ao Dr. Leônidas e seus assistentes e desejamos a todos um excelente dia.

Quando olhei para Felix, vi um homem muito emocionado. Chorando, ele abraçou seu advogado e os assistentes. Todos estavam felizes com a nova oportunidade que Felix recebeu para reparar todos os seus erros.

Todos sorriam no tribunal.

Então, o magistrado então bate com o malhete por três vezes e dá por encerrada a audiência.

– Senhoras e senhores, damos esse caso por encerrado. Agora, faremos um pequeno intervalo e voltaremos com o próximo caso.

Mais três pancadas e todos deixaram o local. Eu e o Lucas permanecemos sentados à espera dos próximos casos.

O que será que nos aguarda no caso Juliana? Eu estava feliz com o que presenciei naquele dia...

“

Aos outros, dou o direito de ser como são; a mim, o dever de me modificar todos os dias.

”

Osmar Barbosa

O tribunal e Juliana

A campainha voltou a tocar. Foi quando olhei para trás e vi que havia muitas pessoas no tribunal. Eram pessoas diferentes daquelas que estavam assistindo ao julgamento de Felix.

Imaginei muitas possibilidades naquela hora e resolvi perguntar a Lucas se o público realmente havia trocado.

– Lucas, é impressão minha ou o público está mudado?

– Agora, foram os amigos, familiares e colegas de Juliana que chegaram para assistir ao julgamento dela.

– Eu reparei que são espíritos totalmente diferentes daqueles que estavam aqui ainda há pouco.

– É normal que pessoas que gostem de você e estão na vida espiritual venham para lhe ajudar a superar a dor caso a sentença seja contrária a seu pedido.

Esses espíritos estão nas cidades espirituais e, durante a folga programada, eles saem de suas localidades espirituais ou pedem licença dos setores em que trabalham para vir dar apoio a um familiar, um amigo. Enfim, pedem para, de alguma forma, vir ajudar quem está sentado no banco dos réus. Daí a importância de você ter um trabalho na vida espiritual. São esses e outros os benefícios do bônus-hora.

– Entendi perfeitamente. À medida que trabalho e conquisto meus bônus-hora, posso usá-los para muitas coisas. É isso?

– Exatamente! Tudo é merecimento. Até na vida espiritual.

– Que legal, Lucas! Olhe, acho que o julgamento de Juliana já vai começar.

Os magistrados entraram e se sentaram em seus respectivos lugares após ouvirmos a campainha. Após a batida do malhete, a mulher ao lado do desembargador pediu a palavra.

– Senhoras e senhores, sejam bem-vindos ao julgamento do recurso impetrado pelo Excelentíssimo senhor Leônidas em favor da ré Juliana. Declaro aberto o julgamento. Podem trazer a ré.

A porta do fundo se abriu e Juliana foi trazida por dois guardas. Ela não estava algemada.

Juliana estava muito bem apresentável. Vestia um terninho feminino de cor cinza claro e calçava sapatos pretos, limpos e engraxados. Eu notei que a sua aparência estava totalmente diferente daquela que havíamos encontramos no presídio dentro do Umbral.

Ela estava sorridente e cumprimentava a corte e seus advogados com um lindo e alegre sorriso. Todos ficaram muito impressionados com a beleza da jovem.

Novamente, ouvimos o malhete tocar sua base apropriada por três vezes, e o desembargador disse:

– Senhoras e senhores, daremos início ao interrogatório para esclarecer alguns pontos que esta corte deseja mostrar.

– A defesa pode interrogar a ré.

Leônidas se levantou e, caminhando em direção à Juliana, agradeceu a magistrada e a todos.

– Excelentíssima senhora e demais magistrados, agradeço em meu nome e em nome dos colegas que esta corte tenha nos permitido apreciar novamente a sentença da minha cliente. Buscamos que a justiça seja feita e que Juliana volte ao convívio familiar a fim de reparar as faltas da última encarnação. A todos, nosso muito obrigado!

Olá, Juliana! Como tem passado?

– Agora encontrei a paz que precisava para repensar minhas atitudes e minha vida. Estou preparada para um novo recomeço, doutor.

– É muito bom vê-la feliz e renovada! Você realmente está ótima.

– Agradeço aos soldados que me resgataram daquele lugar de muito sofrimento.

– É parte da misericórdia conquistada através daqueles que nunca te esqueceram e que, insistentemente, rogavam a Deus para que você estivesse bem aqui na vida espiritual. Assim, por determinação da espiritualidade superior, estamos cuidando do seu caso, e espero que esta corte olhe para o seu caso com carinho e uma nova oportunidade lhe seja permitida.

– Sou muita grata, doutor. Espero o recomeço.

– Eu gostaria que você nos falasse um pouco da sua juventude, um pouco da vida da Dra. Juliana.

Após uma pequena pausa, Juliana começou a falar...

– Eu me chamo Juliana. Nasci em uma família abastada. Nós nunca tivemos problemas com dinheiro, viagens, carros, casas, etc. Ainda muito nova, experimentei a primeira droga. Foi quando passei no vestibular para Medicina.

Já dentro da faculdade, nos encontros de finais de semana e nas baladas, usávamos drogas, mas sempre preocupados em consumir somente drogas leves. Foi assim até a minha formatura.

Naquela época, eu perdi o meu pai, que era na verdade o meu alicerce. Meu pai sempre me apoiou em tudo, sempre esteve ao meu lado me incentivando a correr atrás dos meus sonhos.

Com a perda do meu pai, as coisas começaram a mudar em nossa família. Meu irmão passou a tomar conta dos negócios deixados pelo papai. Com o passar dos anos, começamos a perceber que quase tudo o que tínhamos já tinha sido vendido por ele. O dinheiro havia sumido, e boa parte dele foi desviado.

Minha mãe ficou desesperada, até que o meu irmão sumiu com o pouco que havia sobrado da herança.

Nessa época, embora estivesse formada, eu não trabalhava muito, pois não precisava. Foi quando eu tive que arrumar vários empregos para tentar manter o meu padrão de vida.

Minha mãe e minha irmã, que nunca tinham feito nada na vida, passaram a ser um estorvo em minha vida. Eu não ganhava o suficiente para manter nós três, muito menos para pagar os caprichos delas.

Um ano depois...

Começou a aparecer uma imagem na tela...

O magistrado bateu com o malhete e informou que agora todos deveriam prestar atenção nas imagens que seriam exibidas na tela.

Juliana se calou e a luz da sala ficou mais baixa. Todos passamos a prestar atenção no filme da vida de Juliana que era exibido à nossa frente.

Juliana estava em seu consultório, quando uma senhora muito rica entra trazendo sua filha caçula para uma consulta.

– Olá, Juliana.

– Olá, Marta. Como tens passado?

– Eu estou ótima. Essa é a Cristina minha caçula. Você se lembra dela?

– Sim, eu a vi quando era bem pequena.

– Pois eu preciso que você dê uma olhada nela... Apareceram umas manchas nas partes intimas dela que estão me preocupando.

– Cristina, fique tranquila que eu vou te examinar.

A menina tinha apenas 12 anos.

– Tire sua roupinha e se deite aqui nessa maca – disse Juliana, mostrando o lugar.

– Você pode se sentar aqui, Marta. Vou examinar Cristina.

Após um minucioso exame, Juliana pediu para que a menina se vestisse e foi conversar com Marta.

Marta é uma amiga antiga da família e é muito rica. O desespero de Juliana vê naquela situação uma oportunidade de ganhar um bom dinheiro.

As manchas não eram nada grave, mas, com sua autoridade de médica, Juliana assusta Marta. Disse que era algo grave e que o tratamento, que ela mesma fazia no seu consultório, custaria um bom dinheiro.

O primeiro passo para a desgraça estava dado. Marta aceita as recomendações da amiga doutora e, confiando no diagnóstico, gasta uma fortuna em algo que não era necessário.

Essa prática começou a ser repetida com outros pacientes, já que a especialidade de Juliana era dermatologia, e questões de aparência e pele é algo muito importante para todos, principalmente para os ricos vaidosos.

As coisas estavam indo muito bem para Juliana. Consultório sempre cheio, agenda sem espaço para novos atendimentos, equipe de trabalho ampliada. Até que algo muito ruim acontece...

Tratando-se com Juliana já há alguns meses, encontramos Caio, um jovem rapaz de apenas 17 anos que tinha muitas espinhas pelo rosto. Juliana viu ali mais uma oportunidade de ganhar um bom dinheiro.

Nesse tempo, ela já prescrevia pomadas, comprimidos e medicamentos manipulados. Receitas mirabolantes que supostamente resolviam tudo quando o assunto era pele.

O consultório ficou pequeno para tantos pacientes, e agora a clínica da doutora Juliana estava sempre cheia de pacientes.

– Doutora, o Caio está na recepção.

– Ele estava marcado para hoje?

– Não, ele não estava marcado, mas disse que não está se sentindo bem e que precisava falar com a senhora urgentemente.

– Estou terminando um atendimento aqui e vejo ele já.

– Está bem, doutora.

Os atendimentos transcorreram normalmente até que Juliana foi interrompida por uma de suas assistentes, avisando que Caio não estava passando bem na recepção. Então, Juliana ordenou que ele fosse colocado em uma das salas de atendimentos que estava vazia naquela tarde.

Todo o tribunal ficou na expectativa de ver o que aconteceria com o menino.

Após ser colocado na sala, Caio se deitou em uma maca à espera de Juliana, que está fazendo outros atendimentos nas outras salas. O menino permaneceu ali até tarde.

Mais de três horas depois, Juliana foi lembrada por sua assistente que Caio ainda estava esperando pelo atendimento em uma das salas.

– Dra. Juliana, o menino está esperando a senhora na sala 3.

– Meu Deus! Eu esqueci completamente do garoto. Estou indo lá.

Apressada, ela entrou na sala e correu até a maca para acordar Caio, que ela pensou que estava dormindo. Mas não foi isso o que ela encontrou: o menino estava morto já há algumas horas.

Juliana entrou em desespero. Ela não sabia o que fazer. "É o fim da minha carreira!", ela pensava.

– Esse garoto veio logo morrer aqui? O que houve meu Deus?

Caio estava morto. O que fazer? Juliana se sentou na mesa de atendimento e começou a pensar... "Minha carreira está destruída. Ninguém mais vai querer se tratar comigo. Certamente esse garoto devia ser alérgico a algum medicamento da composição. E agora? o que eu faço?"

Após pensar muito, Juliana decidiu que esperaria todos saírem para depois tomar uma decisão. As horas passaram rápido e todos os funcionários foram para seus lares após cumprirem suas horas de trabalho.

Juliana estava sozinha na clínica. Ela e Caio, morto em uma das salas. O que fazer?

Após pensar por muitas horas, ela decidiu que deveria se livrar do corpo. Essa desgraça não poderia acontecer. “Preciso sumir com o corpo desse garoto”, ela pensava.

Foi quando ela se lembrou de um colega da faculdade que lhe fornecia as drogas e havia se desviado do caminho. Ele tinha largado a faculdade e virou fornecedor de drogas para a elite de sua cidade.

– Vou ligar para o Janderson.

Decidida, ela liga.

– Janderson?

– Sim. Quem é?

– Sou eu, Juliana.

– E aí, Juliana. O que você quer dessa vez?

– Dessa vez eu preciso de uma ajuda especial.

– Ajuda especial pode custar caro.

– Eu preciso que você venha aqui na clínica agora e traga alguém para te ajudar a levar um móvel que tenho que tirar daqui hoje, sem falta.

– É muito pesado esse móvel?

– Uns 70 quilos.

– É leve, não preciso de ajuda.

– Você vai vir?

– Já estou a caminho. Sabe que vou cobrar, né?

– Não se preocupe com dinheiro.

– Estou perto. Não demoro a chegar.

– Estou te esperando na porta da clínica.

– Quer que leve alguma coisa especial?

– Traz o de sempre.

– Ok, levarei o de sempre.

Poucos minutos se passaram e Janderson chegou à clínica.

– A aí, doutora. Como vai?

– Meu amigo, eu estou com um baita problema que preciso que você me ajude a resolver.

– O que houve?

– Vem comigo eu vou te mostrar.

Juliana levou Janderson até a sala e lhe mostrou o menino morto.

– Tá morto esse cara?

– Ele morreu por uma medicação errada.

– Foi você quem matou ele?

– Intencionalmente, não.

– E o que é que você quer que eu faça?

– Eu preciso sumir com esse corpo.

– Sumir com um corpo custa caro.

– Quando custa?

– Dez mil.

– Pode ser em cheque?

– Claro que pode, você é cliente VIP. Cliente especial.

– Ninguém pode saber disso, Janderson.

– Fique tranquila, doutora. Meu serviço é especial. Ninguém vai saber desse moleque.

– E o que é que você vai fazer com o corpo dele?

– Vou incinerar, daí ninguém acha nada que possa nos comprometer.

Naquele momento, todos que estavam no tribunal puderam ver uma enorme mancha preta no meio do peito de Juliana.

– Eu não sei se deveria fazer isso, Janderson.

– Se quiser, eu posso chamar a polícia para você.

– Pelo amor de Deus! Não brinca numa hora dessas.

– Você é quem decide: cheque de 10 mil, eu levo ele e ninguém nunca saberá de nada.

Após uma pequena pausa, Juliana foi até a sua bolsa e preencheu o cheque e entregou a Janderson.

O menino foi enrolado em dois lençóis e levado pelo vendedor de drogas.

– Excelência, perdoe-me. Mas não é justo que seja mostrado somente essa parte da vida de Juliana – disse Leônidas, aproveitando a pausa do que assistíamos.

– Doutor Leônidas, esta corte não pode perder muito tempo nos recursos apresentados. Temos que ser mais objetivos e precisos nos casos apresentados. Vossa excelência pode agora arguir com base no que foi apresentado e defender sua cliente.

– Excelência, eu agradeço o que nos foi apresentado até agora, mas peço que seja mostrado o resultado da ação impensada de minha cliente.

– Esta corte autoriza que o restante seja apresentado.

Novamente, a tela começou a mostrar o que aconteceu com Juliana após a decisão que tomou diante da morte de Caio.

Alguns messes depois, Juliana se entregou a drogas mais pesadas. A dor da consciência de ter feito o que fez desestabilizou totalmente os sentimentos da jovem médica. Ela já não trabalhava mais. Sua clínica havia fechado. Sua mãe e sua irmã a abandonaram, e Juliana estava morando em uma cracolândia. Ela estava totalmente entregue ao vício e às drogas. Prostituía-se para ganhar alguns trocados que alimentavam o vício.

Em menos de um ano, foi assassinada pelo chefe do tráfico do local, sendo levada para Betânia, onde foi capturada por Zacarias, que a manteve presa até o dia do resgate.

As imagens não apareciam mais na tela. As luzes do tribunal voltaram ao normal e todos se entreolharam. Os olhares críticos focam Juliana que, de cabeça baixa, chora lágrimas de arrependimento por tudo o que fez de sua vida.

– Excelência, todos pudemos ver que Juliana não foi preparada pelos seus pais para as dificuldades da vida. Ela se viu obrigada a fazer o que fez para manter a mãe e a irmã no mesmo padrão de vida, já que ambas haviam sido roubadas pelo irmão, que se apossou dos bens de todas elas e, após vendê-los, se mudou para outro país e passou a viver com os recursos desviados ilegalmente da família.

A minha cliente não teve intenção de fazer o jovem Caio morrer. A minha cliente somente queria sobreviver. E vimos que, após o ato não intencional, sua vida se tornou um fracasso. Sua consciência não a deixou mais existir. Juliana se entregou às drogas até o seu último dia. Assim, não acho justo que ela pague por mais nem um dia a pena que a fez (e ainda faz) sofrer até os dias atuais. Por esse motivo, peço, aos magistrados, clemência para Juliana. Desse modo, peço a absolvição.

Após suas palavras, Leônidas voltou a se sentar ao lados de seus assistentes.

– A ré está à disposição da promotoria.

Então, o promotor se levantou e se dirigiu à Juliana.

– A senhorita está bem?

– Sim, estou.

– Todos devem estar se perguntando por que mostramos o que Juliana fez ao Caio, o que, na verdade, a levou para o mundo das drogas. Todos vocês devem estar curiosos, se perguntando: por que esta corte se manteve calada até este momento?

O que todos precisam saber é que esta corte foi procurada por um espírito logo que os advogados de defesa entraram com o recurso. Fomos procurados por ele para pedir que interferíssemos definitivamente na vida de Juliana.

Abrindo uma exceção em nossa ritualística, eu gostaria de chamar o espírito solicitante para depor.

– Concedo a exceção – disse o desembargador, autorizando o ato.

Naquele momento, a porta interna de onde são trazidos os presos foi aberta, e dela saiu o Caio.

Todos no tribunal se emocionaram com a presença do rapaz refeito da sua morte, sem espinhas no rosto e se mostrando bem e saudável. Ouvimos um burburinho em todo o tribunal.

Caio foi levado para se sentar em uma cadeira ao lado do desembargador. Todos estavam visivelmente emocionados com a presença do agora iluminado Caio.

– Senhores, senhoras, querida Juliana. Primeiramente, eu quero agradecer a esta corte, aos advogados, aos juízes e a todos os presentes. Agradeço por terem me permitido estar aqui hoje e por eu poder relatar como me encontro na vida espiritual e como está o meu coração após o acontecido. Juliana teve um momento infeliz. Certamente, se ela tivesse como voltar atrás, não teria feito nada a mim.

Eu era um menino sonhador e envergonhado com minha aparência espinhosa. Procurei por sua ajuda por recomendação de alguns colegas da faculdade. Sempre confiei muito em seu trabalho, e por esse motivo me entreguei. A minha morte foi causada por uma medicação que eu nunca deveria ter tomado.

Quando eu cheguei à vida espiritual, fui conscientizado do que sou em verdade. Ao me descobrir espírito eterno, vi que eu não tenho o direito de condenar meus irmãos. Estamos no Universo para, através das provas evolutivas, alcançarmos o nirvana espiritual, acessível a todos os espíritos.

Eu vim pessoalmente a esta corte e pedi perdão por Juliana. Procurei a defensoria, que fez contato com o nobre Leônidas, o qual nossa intenção manteve em sigilo até este momento.

Agradeço a você, Leônidas, e à sua equipe, pelo profissionalismo e pela dedicação ao outro. Me encontro muito bem. Estou na Colônia Espiritual Laços Eternos, e de lá não pretendo sair por um bom tempo.

Fui eu, Juliana, quem intercedeu para que você fosse resgatada e trazida a este julgamento, onde, você pode ver, estão seus familiares e amigos que querem somente que você seja feliz e deixe para trás o passado que nos uniu.

Não temos um passado espiritual para purgar. Você não me fez nada e eu nada fiz a você. Portanto, eu te perdoo e peço a Deus e aos espíritos superiores que te permitam uma nova encarnação e que, nessa nova oportunidade, você consiga realizar todos os seus sonhos e se torne cada dia melhor, longe das drogas e de tudo o que possa te fazer mal.

Juliana não conseguia falar... ela só chorava... muitas pessoas no tribunal choravam naquele momento.

– Meus senhores, familiares e amigos de Juliana, agora podemos fazer ainda mais por ela. Meu perdão está concedido, não havendo nada a reparar na vida espiritual e muito menos na vida material.

Que Jesus seja o guia de sua vida, Juliana, e que Deus te permita ser feliz. E aprenda que a felicidade terrena e espiritual é reflexo do que fazemos aos outros todos os dias.

Naquele momento, Caio deixou a cadeira em que estava sentado e se aproximou de Juliana, abraçando-a. Todos no tribunal se emocionaram.

Meus olhos não seguraram as lágrimas de emoção ao ver tamanha bondade e sabedoria nos gestos daquele rapaz.

Foi quando o desembargador bateu seu malhete e disse:

– Concedo a liberdade à Juliana. Que seja levada para uma colônia espiritual, onde poderá estudar e programar uma nova encarnação.

Está encerrada esta audiência. Que Jesus tenha piedade dessa irmã e que lhe seja concedida uma nova encarnação.

Batendo três vezes seu malhete, o desembargador deu por encerrada a sessão.

Caio e Juliana deixaram o tribunal abraçados e todos ficamos felizes. A alegria era visível em todos.

Advogados, promotores e todos que estavam assistindo ao julgamento se uniram em abraços calorosos em torno de Juliana e Caio.

Confesso a vocês, meus leitores, que são esses momentos que me fazem estar sempre à disposição dos amigos espirituais para trazer para vocês informações importantes para o nosso crescimento espiritual.

Obrigado, Lucas...

“

O amor é o único sentimento que se leva para a vida eterna.

”

Nina Brestonini

O Tribunal e Célio

Um novo intervalo aconteceu e novas espíritos tomaram seus lugares para o próximo julgamento. Naquele momento, eu pude observar que a maioria dos espíritos que chegaram para assistir ao julgamento eram de pessoas idosas, e não contive a curiosidade. Perguntei a Lucas:

– Quem são esses idosos, Lucas?

– São espíritos ligados ao Célio por muitas encarnações ou que precisam aprender com o que lhes será mostrado.

– Estou muito curioso para saber um pouco mais sobre o Célio. Ele é uma figura interessante.

– Você acha?

– Sim. Os outros eu logo pude perceber serem espíritos normais, mas o Célio tem algo que todos precisamos aprender. Há um mistério que precisa ser revelado.

– Realmente, o caso do Célio é bem mais complicado do que os casos aos quais pudemos assistir. Mas vamos aguardar e aprender um pouco mais em tudo o que será revelado a vocês.

– Não vejo a hora desse julgamento começar, Lucas.

– Não vai demorar muito. Contenha a sua ansiedade.

– Obrigado, Lucas.

Naquele momento, Leônidas se levantou de sua cadeira e se dirigiu até nós.

– Como vai, Lucas?

– Estou bem, Leônidas.

– E você, meu rapaz, está anotando tudo o que está vendo?

– Tim tim por tim tim.

– Faça isso. E o que você está achando?

– Eu estou muito feliz em poder relatar tudo isso para meus leitores e amigos.

– Já havia passado a hora de todos se conscientizarem do que realmente é a vida após a vida. As pessoas parecem que não querem acreditar na verdade. Vivem manipuladas por ideias e ideais que só fazem atrasar e evolução dos espíritos. É inadmissível vocês ainda acreditarem em fantasias ideológicas e arquétipos. Já passou da hora de as informações reais sobre como vivemos chegarem a todos os espíritos. Vocês precisam se conscientizar imediatamente do que realmente são os seres da criação.

– O mundo está muito descrente, Leônidas.

– Me perdoe, Osmar, mas o mundo está descrente porque vocês têm preguiça de pensar. Preguiça de estudar e pior: preguiça de se soltarem das amarras ideológicas que os escraviza dentro de um ideal financeiro que chega a ser terrorista.

– Eu nunca ouvi tanta verdade junta – disse.

– Parem e pensem. Pensar ainda é de graça... Pense: se você chegar em casa e, na garagem da sua casa, encontrar um veículo novo, sem placa e sem licenciamento, provavelmente você vai procurar quem foi que colocou aquele veículo ali. Não é?

– Sim, eu ficaria muito surpreso e curioso para saber quem é que colocou o carro em minha garagem?

– Pois bem... Vocês chegam em um planeta cheio de vida, cheio de animais, cheio de estrelas no céu, cheio de criaturas como você vivendo todo tipo de adversidade. Planetas, galáxias, oceanos, criaturas. E você acho que nasceu do acaso? Assim como o carro que apareceu na sua garagem? Conscientizem-se imediatamente... alguém colocou você nesse Universo, alguém colocou o carro na sua garagem, alguém, colocou você nessa vida. E quando você se conscientizar de que realmente existe algo maior, nesse momento, você conhecerá Deus.

Mas você também precisa crer que esse Deus não está te vigiando, Ele não tem tempo para isso. Ele não está sentado em uma nuvem com um cajado na mão mandando raiozinhos sobre sua cabeça quando você faz algo errado ou lhe mandando energias boas quando você acerta no que faz... Ele é muito mais que isso!

Ele vai permitir que você expie quantas vezes forem necessárias para que você compreenda seu lugar nesse grande projeto chamado Criação Divina. Você e todos os que estão expiando na encarnação ou na espiritualidade são filhos do mesmo Deus; portanto, merecem as mesmas oportunidades.

Tudo o que você precisa para se tornar o objetivo do Pai já está criado nas Leis Naturais e Imutáveis que regem toda a Criação. Ele não tem tempo para cuidar de coisas pequenas. Para as coisas pequenas, Osmar, Ele nos criou.

Nós é que, quando estamos conscientizados sobre nosso papel dentro desse projeto, enxergamos que eu precisamos ajudar o outro. É o outro que tenho que amparar. É o outro que tem o tempo certo para compreender a Criação. Usando a Lei do amor, temos que estar ao lado dos nossos irmãos, auxiliando-os a existir e a extrair de cada experiência e de cada oportunidade aquilo que vai despertar, no espírito, a razão de ser e viver.

– Precisamos aprender mais e mais com vocês, Leônidas.

– E essa é uma oportunidade que você tem de olhar tudo ao seu redor e perceber que você é parte de tudo o que seus sentidos alcançam. Ao perceber isso, você poderá interagir inteligentemente com a Criação. É explorando os seus instintos e, principalmente, expandindo a consciência é que você vai se enquadrar e passará a viver uma vida plena ao lado daqueles que estão encarnados ao seu lado. Mas, principalmente, você perceberá que a espiritualidade que sempre esteve ao seu lado lhe quer bem.

– Todas as vezes que me dedico integralmente a recebê-los para juntos escreveremos as psicografias, eu percebo que algo de bom muda dentro de mim. Cada história, cada palavra, cada lição transforma tudo dentro de mim. Eu sou muito grato por vocês me permitirem ser esse instrumento.

– Não agradeça, escreva.

– Obrigado, doutor.

– Agora, todos vamos acompanhar o julgamento de Célio. Não será uma contenda fácil, pois Célio vem do Direito. Trabalhou a vida inteira dentro de tribunais e é um profundo conhecedor das Leis que regem a vida dos encarnados. Mas o que todos precisam saber (inclusive ele) é que aqui, hoje e agora não serão as Leis da Terra que vão julgá-lo, mas as Leis Imutáveis da criação.

– São leis diferentes?

– Totalmente. Aqui julgamos as Leis Morais. Elas que são importantes para os espíritos. As outras são Leis que as sociedades precisam para o bom convívio e suas relações.

Imagine você se não existissem as leis, municipais, estaduais e federais. O que seria das sociedades?

– É verdade. Acho, sinceramente, que as sociedades nem existiriam.

– Pois, para o bom convívio dos espíritos em sociedade, são necessárias muitas leis e regras; caso contrário, realmente seria um caos. Aqui não. Aqui, o que o espirito precisa é de arrependimento sincero, perdão da parte afetada, sinceridade em todos os atos, honestidade em suas relações e, o mais importante, a humildade de reconhecer seus erros e aceitar as novas oportunidades que lhe serão apresentadas para que repare seus erros.

– Fica a dica para todos que estão lendo essa obra.

– E o mais importante.

– O que é o mais importante, Leônidas?

– Você pode começar a fazer tudo isso agora. Você não precisa morrer para se arrepender de tudo o que você está fazendo nesse momento. Eu aconselho a não esperar. Eu aconselho a acreditar, traçar um plano e começar a colocá-lo em prática imediatamente, para que você não precise dos meus serviços quando chegar aqui.

– Falando em serviços, desculpe-me perguntar, mas você é remunerado pelo seu trabalho aqui?

– Claro que sim.

– Vocês recebem bônus-hora?

– Exatamente.

– E quem é que paga vocês?

– Se o cliente não tiver condições, as cortes nos pagam, mas saiba que todos os réus, antes de virem para as audiências e serem assistidos por nós, são informados dos custos processuais e advocatícios e que esse debito terá que ser pago um dia.

– Quer dizer que Felix e Juliana terão que pagar por tudo o que vimos aqui?

– Sim, eles foram informados de tudo antes mesmo da nossa primeira visita no presídio. Assinaram um documento concordando que, caso o processo fosse bem-sucedido, teriam que trabalhar nas cidades espirituais a fim de ressarcir os custos processuais.

– E eu pensando que seria fácil a vida após a vida.

– É fácil. Não pense primeiro que é caro, pois não é. Chega a ser um valor simbólico. E segundo que não é justo tanto trabalho e dedicação sem recompensa.

O que vocês precisam compreender é que não é um mercado... não é barganha e muito menos se trata de ganhos financeiros. O bônus-hora é uma recompensa pelo seu esforço e sua dedicação. Ganha quem quer... você não é obrigado a trabalhar para juntar bônus-hora. Não é uma moeda.

– Nem todos os espíritos que trabalham aqui ganham bônus-hora – disse Lucas, entrando em nossa conversa.

Para ganhar bônus-hora você tem que pedir, merecer e saber que sua remuneração não tem valor comercial.

Para explicar melhor ainda, Osmar, entenda bônus-hora como um prêmio que você ganha sem saber e que pode ou não aceitar e usar.

– Eu entendi perfeitamente. Compreendo que é como se fosse uma luz que você vai aumentando através do esforço evolutivo feito em você mesmo, e isso lhe possibilita muitas coisas na vida espiritual.

– Definição perfeita, Osmar! – disse Leônidas.

– Perfeito, Osmar! – disse Lucas.

– Agora que todos compreenderam, vamos para a audiência que já vai começar.

– Obrigado por seus ensinamentos, Leônidas.

– Não agradeça, escreva.

– Você também?

Rimos juntos...

A campainha nos avisou que a sessão ia começar.

Novamente, o desembargador chegou à sala e ao seu lado os outros magistrados. As pancadas avisando o começo da sessão foram dadas.

– Senhoras e senhores, declaro aberto o julgamento do recurso do réu Célio. Tragam o preso.

Dois guardas trouxeram Célio. Ele não estava algemado.

– Com a palavra, o advogado de defesa.

Leônidas se levantou e começou a falar, caminhando em direção ao réu.

– Bom dia, Célio.

– Bom dia, doutor.

– Como tem passado?

– Estou bem, embora ansioso para este encontro.

– Dr. Célio, como todos sabemos nesta corte, Vossa Excelência vem dos tribunais e é profundo conhecedor das

Leis. O que Vossa Excelência precisa saber e se conscientizar é que muito pouco do que você aprendeu e praticou durante toda as suas encarnações será aplicado aqui.

Aqui, são aplicadas as Leis Naturais, aquelas que regem todos os espíritos igualmente. Em nenhum momento, o seu aprendizado jurídico terá validade neste julgamento.

– Mas então... como serei julgado?

– Você será julgado por suas atitudes para com os seus enquanto teve nas mãos o poder de decidir pela liberdade ou prisão, pela fortuna ou pela miséria, pela união ou pela separação de pais e filhos, pela ordem ou pela desordem e tudo aquilo que, através de suas decisões, interferiu positiva ou negativamente na vida daqueles que, em algum momento, passaram por seu julgamento.

– Mas isso não é justo.

– É importante que você tenha consciência de que só será julgado o que você fez intencionalmente. Aquilo que os espíritos fazem inconscientemente quando encarnados não é tratado na vida espiritual como infração às Leis.

Agora, quando você faz algo e, dentro de você, o juiz da consciência alerta para o erro e você não volta atrás para corrigi-lo, você está infringindo essa Lei. E é sobre ela que iremos tratar.

Célio abaixou a cabeça como se não entendesse muito bem o que aconteceria naquela audiência.

– Vossa Excelência entendeu?

– Eu entendi, embora discorde da forma como serei julgado.

– Por que a discórdia?

– Porque eu sempre agi dentro das Leis às quais dediquei toda a minha vida, para que elas fossem cumpridas com justiça.

– Se vossa excelência tem a consciência de que agiu sempre dentro da Lei, então não tens com que se preocupar.

– Quais serão os fatos que serão apresentados?

– A corte, em acordo com a defesa, decidiu que serão apresentados dois casos.

– Mas eu não fui informado quais são os casos. Como me defenderei?

– Sua defesa não lhe pertence e sim as justificativas. Essas, Vossa Excelência poderá arguir. Podemos começar?

– Não há o que fazer.

A tela se acendeu e as luzes do salão diminuíram. Todos estávamos muito curiosos para saber o que seria apresentado.

Pudemos ver Célio em um confortável gabinete de frente para o mar. A sala era luxuosa, e alguns funcionários trabalhavam com ele naquele mesmo lugar.

Poltronas de cor caramelo, mesa com tampo de vidro, obras de arte nas paredes e tapetes finos no chão. O ambiente realmente era muito fino.

Célio estava sozinho lendo um processo quando o telefone à sua frente tocou.

– Alô.

– Dr.?

– Sim.

– Seu amigo Jonas está aqui fora.

– Peça para ele entrar.

– Ok, doutor.

Poucos segundos depois, vimos um rapaz jovem e muito elegante entrar na sala.

– Nobre amigo, como está? – disse o rapaz, aproximando-se e abraçando Célio.

– Eu estou bem. E você?

– Estamos trabalhando bastante.

– Que ótimo! Trouxe o que lhe pedi?

– Sim, senhor. Trouxe-lhe o relógio solicitado. Olha que beleza, doutor! – disse o rapaz, tirando do bolso do terno uma caixinha com um lindo relógio.

– Olha que maravilha! Obrigado pelo presente.

– De nada, meu amigo. O que você precisar é só pedir.

– Se precisar pedirei, pode ter certeza.

– Quanto àquele caso que lhe pedi, como está o andamento?

– Ainda não sentenciei, mas pode ficar tranquilo que as provas são suficientes para sustentar minha decisão.

– Sendo assim, preciso ir, tenho audiência em outro tribunal daqui a pouco.

– Vá, faça um bom trabalho.

– Até breve, amigo – disse o rapaz, abraçando Célio e deixando a sala.

Naquele momento, Célio pegou um outro processo que estava sobre a sua mesa e o despachou favoravelmente ao advogado que acabara de sair dali. Parecia que ele apenas esperava pelo mimo para aplicar a decisão.

Em outro dia...

Novamente pudemos ver várias decisões favoráveis a pessoas que presenteavam Célio.

A imagem se apagou as luzes voltaram ao normal na sala de audiências.

– Como visto, o colega, por diversas vezes, beneficiou amigos em detrimento de outros infringindo o Código de Ética que a profissão exercida impunha.

Por decisão dessa corte e para preservar a psicografia e o escritor que a escreve, não vamos mais mostrar outros acontecimentos que trouxeram Vossa Excelência para um presídio no Umbral.

– Não tenho direito à defesa?

– Nós somos seus advogados e estamos tratando com a corte todas as questões. Como disse: por motivo de segurança para o autor, não vamos revelar.

Sem mais perguntas, excelência – disse Leônidas, afastando-se de Célio.

– Com a palavra, a acusação – disse o desembargador.

O senhor se levantou e começou a falar...

– Senhoras e senhores, estamos diante de um caso em que, infelizmente, não podemos mostrar tudo o que gostaríamos que fosse apresentado, por motivos já alegados pelo ilustre colega.

Esta corte foi composta há algumas dezenas de anos e sempre tratamos todos os casos com imparcialidade e amor, pois como todos que estamos na vida espiritual sabemos, é o amor que liberta e faz evoluir toda a Criação.

O nobre colega hoje sentado no banco dos réus, quando encarnado, ocupou, a meu ver, um dos cargos mais difíceis para um espírito em evolução. Afinal, o poder de decidir a vida do outro não é fácil e não pode ser dado a qualquer um... Mas qual é o espírito que está preparado para decidir a vida ou o futuro do outro? Quem de nós têm o direito de decidir o que é melhor ou pior para outro irmão?

Sabemos ser a prova do juízo algo extremamente difícil para os espíritos que ocupam tal cargo. É uma tarefa que pode elevar ou trazer o infeliz irmão para o banco onde hoje o Dr. Célio está sentado hoje.

Cabe a nós desta corte dar uma outra oportunidade ou não ao irmão em provas e expiação. Mas o que fazer quando o espírito tem nas mãos o poder de ser justo, honesto e bom e deixa todas essas virtudes de lado? O que fazer quando os interesses mesquinhos se sobrepõem ao dever? O que fazer quando a vaidade, o orgulho, o ódio e a avareza se sobrepõem ao que é certo?

São essas as questões a serem julgadas por este tribunal. Para nós, os acontecimentos mostrados em tela são base para alicerçar nossa decisão. Somente isso.

Os fatos ocorridos e apresentados são uma mera formalidade, de onde extrairemos as provas verídicas que embasarão nossa decisão.

Quantos de vocês recebem benesses espirituais diariamente?

Quantos de vocês recebem a nobre missão de, através dos cargos de poder entre os encarnados, auxiliar todos aqueles que batem à sua porta necessitando de ajuda?

Os nobres colegas que exercem tais cargos em que, por força, as leis devem sempre serem cumpridas, mas beneficiam os injustos, os golpistas e os salafrários refletem consequências espirituais que deverão ser reparadas na vida espiritual.

Ninguém está imune a uma injustiça, seja ela por força da lei ou pelos atos praticados por ambição, vaidade ou mesmo falta de senso, moral e caráter.

Sabemos ser grande a responsabilidade de um espírito que ocupa um alto cargo nas cortes terrenas. Na verdade, é uma oportunidade que o espírito recebe de auxiliar multidões, e isso deve ser considerado quando se está encarnado e ocupando tal obrigação.

Mas o que infelizmente estamos atendendo cada dia mais vezes nesta corte são colegas que, travestidos de bons samaritanos, estão causando dor, fome e desgraça a multidões de espíritos que cruzam seus caminhos.

"Todos serão julgados, eu disse todos"

Não pense que o cargo que você ocupa hoje cheio de privilégios lhe qualifica para receber, na vida espiritual, as benesses dos espíritos superiores. Não é assim que as coisas acontecem quando um espírito desses acorda do sono da morte na vida espiritual, haja vista o nobre colega sentado hoje no banco dos réus.

Todos que ocupam os fóruns e os tribunais nas mais diversificadas instâncias precisam e devem saber que serão julgados da mesma forma pela qual julgaram os seus semelhantes. Essa é a Lei. Ninguém escapa da colheita na vida eterna.

Portanto, que Vossa Excelência seja um exemplo do que não se deve fazer quando se ocupa um cargo de destaque nas sociedades em que se encontram.

Todos receberão aquilo que fizeram enquanto encarnados.

Vossa Excelência é, para mim, um pobre espírito que, desfeito de toda riqueza material, se apresenta nesta corte como um pobre espírito, falido, desmoralizado e infeliz. Os 20 anos em que esteve encarcerado nos parece que ainda não foram suficientes para modificar vossa conduta na vida espiritual.

Vossa Excelência tem que compreender que o que fizestes encarnado só tem valor aqui se foram coisas boas, principalmente para com seus semelhantes, o que certamente não o qualifica neste momento para ser libertado.

Sua postura diante desta corte nos mostra claramente que tudo o que passou preso até o presente momento não lhe serviu para mudar sua conduta para com os seus irmãos, filhos de Deus como você é.

Não basta requerer uma audiência para ganhar a liberdade; é necessário muito mais do que isso. Vale lembrar que aqui não julgamos os condenados com a Leis humanas, e sim com as Leis morais. A meu ver, o colega não está qualificado. Dessa forma, solicito a esta corte que o nobre colega Célio seja mantido em prisão.

Após falar, o homem voltou a se sentar ao lado do desembargador.

Todos ficaram chocados com os relatos do promotor.

Ouvimos três pancadas dadas pelo desembargador.

– Senhoras e senhores, esta corte tomou a seguinte decisão:

Pelos fatos apresentados e sem amparo espiritual, pois não há nenhum espírito pedindo pelo réu ou até mesmo orando por ele nos planos espirituais e terrenos, esta corte decide que o preso deve continuar em prisão por tempo indeterminado.

Ordeno que o preso seja levado ao presídio e lá permaneça sem qualquer vantagem. Declaro encerrada esta sessão.

E batendo novamente com o malhete, o desembargador encerrou a sessão e se retirou do ambiente.

Célio foi levado pelos guardas sem nada dizer.

Eu e Lucas nos levantamos e nos despedimos de Leônidas e Samanta.

– Foi um prazer ter vocês ao nosso lado, Lucas – disse o advogado.

– Nós é que agradecemos por essa oportunidade, meu amigo.

– Até breve, Samanta.

– Até breve, Lucas.

Deixamos o lugar e nos sentamos em uma praça muito próxima ao tribunal.

– Que coisa incrível o que aconteceu na audiência do Célio, Lucas.

– O que você achou?

– Eu acho que ele vai ficar ainda um bom tempo preso.

– Talvez sim, talvez não, tudo agora dependerá de como ele vai se comportar após a derrota no tribunal.

Sabe Osmar, espíritos que chegam aqui cheios de soberba e se achando melhores que os outros sofrem muito.

Um dia eu ainda vou te levar a uma parte do Umbral onde estão muitos famosos. Aqueles que ficaram muito ricos e não entenderam que a riqueza e a fama foram coisas que a espiritualidade lhes permitiu temporariamente para que, através do poder midiático e financeiro, pudessem auxiliar outros espíritos a melhorarem e evoluírem.

Quantos espíritos viveram na Terra e fracassaram depois da fama e da riqueza? Quantos você conhece que cometeram o suicídio, mesmo depois e famosos e ricos? E quantos se entregam às drogas e aos vícios e se esquecem de que poderiam usar a fama e o poder para tirar pessoas do vício?

Quantos famosos e ricos você conhece que se valem da beleza física para exteriorizar sexualidade, rebaixando o nível intelectual dos jovens e adolescentes, desvalorizando as relações familiares e causando traumas em mentes infantis?

Acha mesmo que eles ficam impunes na vida espiritual? Acha que não colherão os frutos da semeadura terrena?

Qual o destino de alguém que é famoso, rico, bem-sucedido e que se vale da fama, do dinheiro e do sucesso para humilhar, maltratar, roubar, enganar e ludibriar inocentes? Qual o destino dos espíritos que se valem da inteligência adquirida nas centenas de encarnações para manipular mentes através de ideologias destrutivas? Para onde você acha que esses infelizes irão? Não serão julgados pelos seus atos?

Que história é essa que um infeliz desses desencarna e vai para uma colônia para ser conscientizado de seus erros, se lamentar, se arrepender e simplesmente voltar a encarnar? Será essa a justiça Divina? E as vítimas como ficam?

E a quem foi vítima de uma decisão arbitrária e monocrática, será que reencarnar ao lado desse que tanto mal lhe fez é o suficiente para reparar o dano causado?

Quantos espíritos você conhece que se suicidaram após uma decisão judicial, por exemplo? Quantos ceifam a vida dos seus filhos menores, da família e depois cometem o suicídio porque sofreram uma injustiça aplicada por alguém que tem o poder de fazer exatamente ao contrário?

Será mesmo que apenas o arrependimento é suficiente para uma nova oportunidade de recomeçar?

O que dizer daqueles que têm poder sobre multidões e estão nos altos cargos? Suas decisões não serão julgadas na vida espiritual? Será mesmo que, se Adolf Hitler chegar aqui e se arrepender por tudo o que fez, será suficiente para apagar todo o mal praticado contra milhões de espíritos que foram assassinados a seu comando?

Vocês precisam aceitar as informações que estamos levando a todos. Não estamos no Universo para atrapalhar e muito menos para desinformar.

Chega de hipocrisia. Está mais do que na hora de vocês se conscientizarem das realidades espirituais. Tenham muito cuidado com o que estão fazendo agora, pois o que vem depois é reflexo disso que estão pensando e fazendo. Tomem cuidado para não serem capturados por uma ideologia ou uma doutrina que lhes trará consequências espiritais graves.

Reforçando nossa missão: *"Estamos no Universo para auxiliar todos a evoluírem"*. É para isso que estamos aqui.

Para encerar, Osmar, eu gostaria de lhe agradecer pela coragem de levar essas linhas às prateleiras onde os mais inteligentes e bem informados extrairão a mensagem trazida por nós à consciência necessária para perceber que Deus vos ama infinitamente e que nada, eu disse *nada* na natureza dá saltos. Tudo segue um roteiro previamente preparado pelos espíritos superiores para que todos nós que estamos em evolução compreendamos que somos eternos e que a vida espiritual é uma realidade que todos os espíritos um dia encontrarão

Dessa forma, muito obrigado Osmar, por me permitir levar essas linhas a vocês.

– Lucas meu amigo, deixe eu te contar uma coisa...

Dia desses eu fui ao cinema assistir a um filme, um lançamento de um filme espírita. A autora do livro que virou filme tem minha admiração, e sua história de vida me inspira toda vez que recebo críticas do meio espírita.

Essa mulher foi banida do meio espírita, criticada, caluniada e chamada de charlatã. Diziam que o que ela escrevia era irracional, contradizia totalmente os ensinamentos de Kardec e que o seu único objetivo era ganhar dinheiro com as supostas psicografias.

Sempre que ela perguntada sobre a opinião dos espíritas que a julgavam, dizia que não se considerava espírita, e sim uma escritora de obras mediúnicas. Sempre achei perfeita sua colocação e sou adepto desse pensamento.

Realmente, é muito difícil acreditar que estou aqui agora ao seu lado e que estamos juntos escrevendo esta obra. Eu sinceramente acho difícil, mas esses mesmos que condenam, seguem escritas de um professor que garante que tudo o que ele codificou veio dos espíritos através dos médiuns. Que tudo o que está no pentateuco espírita veio através do uso da mediunidade de psicofonia e de desdobramento.

Para a minha surpresa, na sala de cinema, após a apresentação do filme – que por sinal achei maravilhoso —, eles estavam lá no rodapé da direção, patrocínio, ficha técnica. Toda produção foi bancada exatamente por aqueles que a escracharam a vida inteira. “Que hipocrisia!”, pensei.

Então, meu amigo, fique tranquilo, porque enquanto eu estiver encarnado, defenderei nosso trabalho. Quero, sempre que possível, ser o instrumento de vocês e que sempre possamos juntos levar uma linda e edificante mensagem aos irmãos necessitados de mais informações sobre a vida dos espíritos.

Quanto àqueles que criticam... lamento... No mais, sigamos em frente, pois um dia todos nos encontraremos na vida espiritual e dela ninguém escapa. Nem mesmo aqueles que se acham sabedores da verdade, mesmo que não tenham nenhum minuto de mediunidade. Esses são os hipócritas que tiram dos ensinamentos espirituais benefícios financeiros e fama.

– Vamos em frente, Osmar.

– Olha, o dia que você quiser, posso ir com você para escrever onde vivem os ricos e famosos na vida espiritual?

– Um dia eu te levo Ao Lado Negro do Umbral.

– Obrigado, Lucas.

– Deus te abençoe, Osmar.

Voltei para minha vida de médium feliz e emocionado por Deus me permitir estar ao lado de Lucas e demais espíritos.

Fim

"

A vida é muito mais que simples vivências...

"

Lucas

Outros títulos lançados por Osmar Barbosa

Conheça outros livros psicografados por Osmar Barbosa. Procure nas melhores livrarias do ramo ou pelos sites de vendas na internet.

Acesse
www.compralivro.com.br

Cinco Dias no Umbral
OSMAR BARBOSA
Pelo Espírito de Nina Brestonini
BOOK

O Guardião da Luz
OSMAR BARBOSA
Pelo Espírito de Daniel
BOOK

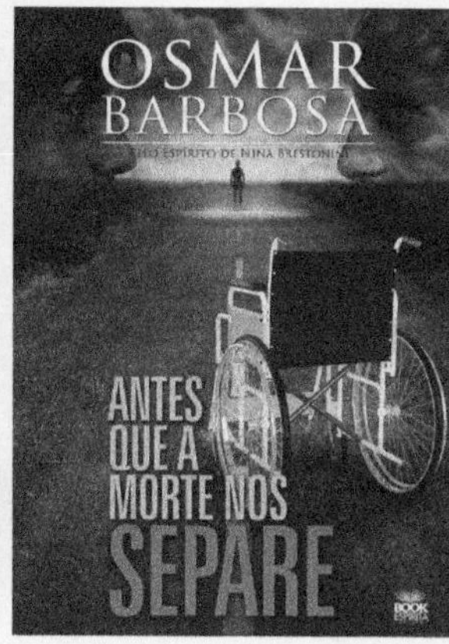
OSMAR BARBOSA
Pelo Espírito de Nina Brestonini
ANTES QUE A MORTE NOS SEPARE
BOOK

COLÔNIA ESPIRITUAL AMOR & CARIDADE
OSMAR BARBOSA
Pelo Espírito de Daniel
BOOK ESPÍRITA

Ondas da Vida
OSMAR BARBOSA
Pelo Espírito de Nina Brestonini
BOOK

A BATALHA DOS ILUMINADOS
OSMAR BARBOSA
Pelo Espírito Daniel
BOOK ESPÍRITA

JOANA D'ARC
O AMOR VENCEU
OSMAR BARBOSA
Pelo Espírito de Nina Brestonini
BOOK ESPÍRITA

OSMAR BARBOSA
Pelo Espírito de Nina Brestonini
ALÉM DO SER
A História de um Suicida
BOOK

OSMAR BARBOSA
Pelo Espírito Lucas
EU SOU EXU
BOOK ESPÍRITA

Osmar Barbosa
Pelo espírito Daniel
Orai & Vigiai

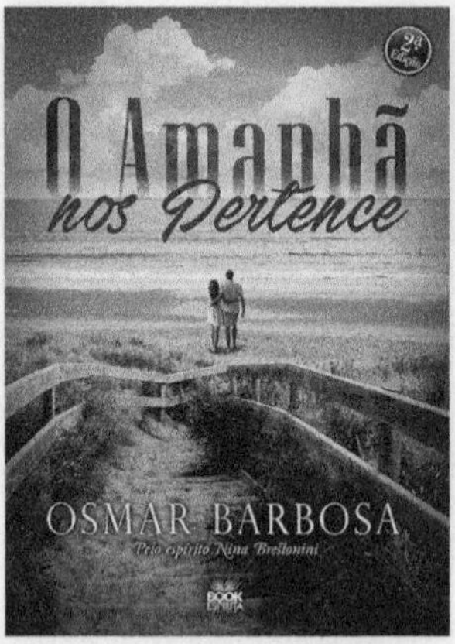
O Amanhã nos Pertence
OSMAR BARBOSA
Pelo espírito Nina Brestonini
BOOK ESPÍRITA

Mãe, voltei!
OSMAR BARBOSA
PELO ESPÍRITO NINA BRESTONINI

500 almas
OSMAR BARBOSA
PELO ESPÍRITO DE NINA BRESTONINI
BOOK ESPÍRITA

O Lado Azul da Vida
OSMAR BARBOSA
PELO ESPÍRITO NINA BRESTONINI
BOOK ESPÍRITA

OSMAR BARBOSA
DEPOIS...
BOOK ESPÍRITA

OSMAR BARBOSA
PELO ESPÍRITO DO CIGANO RODRIGO
Gitano
AS VIDAS DO CIGANO RODRIGO
BOOK ESPÍRITA

O LADO OCULTO DA VIDA
OSMAR BARBOSA
PELO ESPÍRITO DE DANIEL
BOOK ESPÍRITA

Entrevista com Espíritos
Os Bastidores do Centro Espírita
por OSMAR BARBOSA
BOOK ESPÍRITA

Entre Nossas
Vidas
OSMAR
BARBOSA
Pelo Espírito de Nina Brestonini

Colônia Espiritual
Amor & Caridade
Dias de Luz
OSMAR
BARBOSA
Pelo Espírito de Daniel

O Médico de
Deus
OSMAR
BARBOSA
Pelo Espírito de Nina Brestonini

Cinco Dias
no Umbral
O Resgate
OSMAR
BARBOSA
Pelo Espírito de Nina Brestonini

OSMAR
BARBOSA
Pelo Espírito de Lucas
Amigo
Fiel

UMBANDA
PARA
INICIANTES
OSMAR
BARBOSA

VINDE A MIM
O Evangelho no Lar
OSMAR
BARBOSA
Pelo Espírito de Daniel

IMPUROS
A Legião de Exus
OSMAR
BARBOSA
Pelo Espírito de Lucas

Acordei no
UMBRAL
OSMAR
BARBOSA
Pelo Espírito de Lucas

AUTISMO
A ESCOLHA DE NICOLAS
OSMAR
BARBOSA
PELO ESPÍRITO DE NINA BRESTONINI

OSMAR
BARBOSA
PELO ESPÍRITO DE NINA BRESTONINI
Cinco Dias
no Umbral
O Perdão

pelo Espírito NINA BRESTONINI
DEIXE-ME Nascer
OSMAR BARBOSA

OSMAR BARBOSA
PARAFRASEANDO
CHICO
XAVIER
Seleção das mais belas frases
de Chico Xavier

pelo Espírito LUCAS
OBSESSOR
OSMAR BARBOSA

A
Vida
depois da
Morte
OSMAR BARBOSA
pelos Espíritos NINA BRESTONINI e LUCAS

ROMANCE ESPÍRITA
A ROSA
DO CAIRO
OSMAR
BARBOSA
PELO ESPÍRITO DE NINA BRESTONINI

pelo Espírito JONAS
REGENERAÇÃO
UMA
NOVA
ERA
OSMAR BARBOSA

pelo Espírito NINA BRESTONINI
DEAMETRIA
HOSPITAL AMOR E CARIDADE
OSMAR BARBOSA

DEAMETRIA
A Desobsessão Modernizada
OSMAR BARBOSA
pelo Espírito CABOCLO VENTANIA

O SUICÍDIO DE ANA
OSMAR BARBOSA
pelo Espírito NINA BRESTONINI e LUCAS
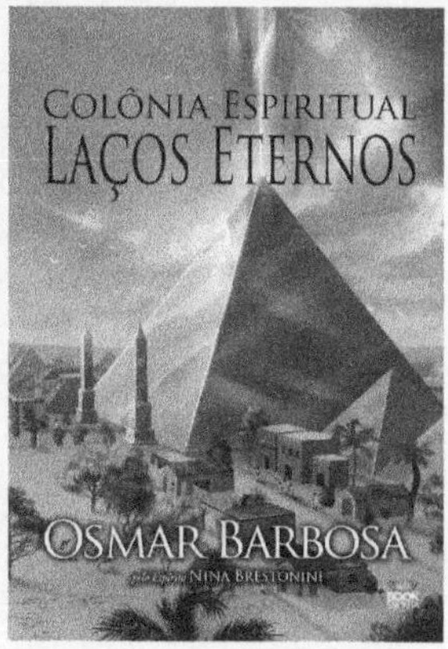
COLÔNIA ESPIRITUAL
LAÇOS ETERNOS
OSMAR BARBOSA
pelo Espírito NINA BRESTONINI

GUARDIÃO
EXU
OSMAR BARBOSA
pelo Espírito LUCAS
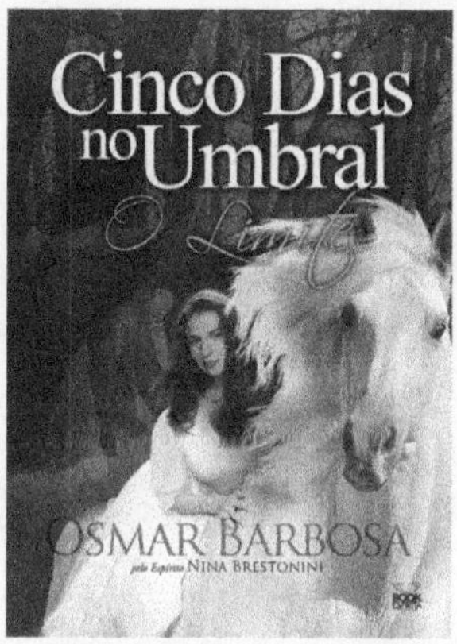
Cinco Dias no Umbral
O Limite
OSMAR BARBOSA
pelo Espírito NINA BRESTONINI
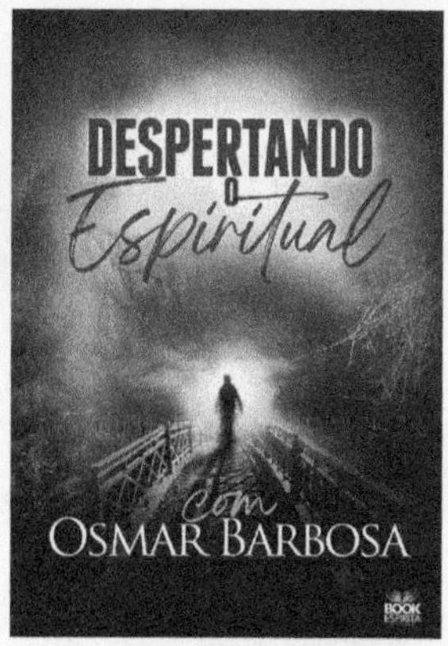
DESPERTANDO o Espiritual
com
OSMAR BARBOSA
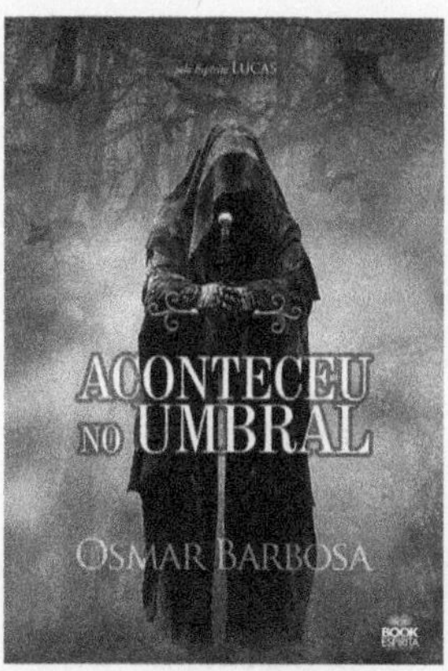
pelo Espírito LUCAS
ACONTECEU NO UMBRAL
OSMAR BARBOSA

Por que VOCÊ MORREU?
OSMAR BARBOSA
pelo Espírito NINA BRESTONINI

OSMAR BARBOSA
O DIÁRIO de um SUICIDA
pelo Espírito LUCAS

BOOK ESPÍRITA EDITORA

Esta obra foi composta na fonte Century751 No2 BT, corpo 13.
Rio de Janeiro, Brasil.